En cien años todos muertos

En cien años todos muertos

Guía para emprender o morir… sin haberlo hecho

JOAN BOLUDA

conecta

Papel certificado por el Forest Stewardship Council®

MIXTO
Papel procedente de
fuentes responsables
FSC® C117695

Primera edición: junio de 2018

© 2018, Joan Boluda
Derechos mundiales en castellano gestionados a través de Montse Cortazar
Literary Agency (www.montsecortazar.com). Estos derechos se ceden
en exclusiva para todo el mundo en lengua castellana.
© 2018, Penguin Random House Grupo Editorial, S. A. U.
Travessera de Gràcia, 47-49. 08021 Barcelona

Printed in Spain – Impreso en España

ISBN: 978-84-16883-43-1
Depósito legal: B-6.660-2018

Compuesto en M. I. Maquetación, S. L.

Impreso en Blackprint CPI Ibérica
Sant Andreu de la Barca (Barcelona)

CN 8 3 4 3 A

Penguin
Random House
Grupo Editorial

A mis oyentes

Sin vosotros, este libro no sería lo que es
Simplemente… no sería

Índice

I. Preparando el terreno: Piénsalo

II. Empezando a rodar: Prepárate

III. EL DÍA A DÍA: LÁNZATE

Dentro de cien años estarás muerto

Si estás leyendo esto, quiere decir que dentro de cien años estarás muerto. No podrás leer, no podrás pensar, no podrás sentir. No podrás hacer nada, porque no existirás.

Pero hay más. Si tienes familia, también: todos muertos. Tus padres, hermanos, hijos, cuñados… De hecho, van a morir todos los humanos que hay en el planeta vivos en estos momentos. Más de siete mil millones de personas. En cien años, todos muertos.

De hecho, la vida es solo la muerte inacabada. Una muerte en proceso. Cada día estamos un poco más muertos, desde que nacemos. Da que pensar, ¿verdad?

¿Por qué te digo esto?

Porque la vida es terroríficamente corta. Pasa en un plis. Y si te despistas, vas a encontrarte a ti mismo pensando: «Pero ¿qué demonios he hecho con mi vida? Seré tonto… ¿Por qué no he hecho lo que quería? ¿Por qué no he sido más feliz? ¿Por qué he abandonado mis sueños?».

Y no lo digo yo. Lo dicen todos los que van a morir.

Bronnie Ware es una enfermera australiana que recopiló, en su libro *The Top Five Regrets of the Dying*, las cosas que la gente más lamenta en su lecho de muerte, horas antes de morir… ¿Y sabéis cuál es la primera de todas? Bien, pues se arrepienten de no haber hecho lo que querían, sino lo que otros esperaban de ellos.

La clave está en llegar a esa reflexión ahora, y no en el lecho de muerte. Ahora estás a tiempo de cambiar, de actuar y de hacer lo que quieres. ¡No esperes más!

¿De qué va este libro?

Este libro es solo para emprendedores. El resto no lo va a entender. No me refiero técnicamente, sino en espíritu. Si eres feliz con tu trabajo, tu sueldo y tu vida, y solo quieres cumplir un horario de 9.00 a 17.00, deja de leer. No es para ti.

Pero si tu trabajo no te realiza, no te hace feliz (o incluso te disgusta) y estás considerando montar tu propio negocio, pero no te atreves, tienes miedo o no sabes cómo, sigue leyendo. Y si conoces a alguien que esté en esa situación, dile que le eche un vistazo también. Le puede ser de mucha ayuda.

Aunque por el título quizá no lo parezca, este libro es una guía de supervivencia para emprendedores.

Vamos a ver todas aquellas cosas que me hubiera gustado que me contaran antes de empezar a emprender. Todo lo que considero imprescindible. Todo lo que cualquier emprendedor debería saber para emprender sin morir en el intento.

Veréis que hay dos tipos de capítulos. Unos son más técnicos: hablo de conceptos, técnicas y estrategias de negocio y de marketing. Otros son más humanos: hablo de relaciones, miedos y sentimientos.

Muchos expertos me han recomendado centrarme solo en uno de esos dos ejes, y enfocar este libro solo a nivel profesional o solo a nivel humano. Pero ¿sabéis qué? ¡Este NO es un libro de gestión empresarial! ¡Ni un libro de psicología! Es un libro para emprendedores. ¡Una guía de supervivencia!

No puedo hablar de cómo emprender sin hablar del miedo al fracaso. No puedo hablar de crear un negocio sin hablar de la conciliación familiar. No puedo hablar de lanzar un producto sin hablar de la montaña rusa del emprendedor. En definitiva, no puedo hablar de cómo ser emprendedor sin hablar de cómo ser persona.

Así pues, en contra de todo consejo, os voy a guiar a través de la interesante aventura de emprender. Y veremos de todo. Una aproximación holística a la figura del emprendedor.

Mi objetivo es mencionar y explicar de una forma llana y simple todos aquellos puntos que debéis tener en cuenta. Advertiros. Avisaros. Haceros descubrir. Pero, ojo, porque cada uno de esos puntos podría ser un libro entero. Y de hecho, los hay. Montones de ellos. ¡Y algunos estupendos!

Pero mi intención no es entrar exhaustivamente en cada uno de esos temas, ya que eso nos haría perder el hilo conductor, la visión global. Mi objetivo es dar una pauta con todos aquellos puntos imprescindibles (tanto profesionales como humanos) que deberíais tener en consideración si sois (o queréis ser) emprendedores.

¡Vamos allá!

I

Preparando el terreno:
Piénsalo

Somos más capaces de lo que creemos

Una de las principales razones que oigo cuando hablo con gente que quiere dar el paso, pero no se atreve, es que no creen en ellos mismos. Se subestiman. No creen que puedan hacerlo.

A la mierda con eso.

Lo digo en serio. Querer es poder. Y no son palabras vacías. Lo digo porque lo creo así. Si estás determinado a hacer algo, lo vas a conseguir. No digo que sea fácil, no digo que sea sencillo. Al contrario. Va a ser jodidamente difícil. Quizá tengas que trabajar duro, quizá duermas poco, quizá estés pegado al ordenador dieciocho horas al día. Pero lo puedes conseguir.

El gran problema es que no tenemos confianza en nosotros mismos. Es como empezar a subir una montaña pensando: «No voy a poder llegar a la cumbre, está muy lejos, me voy a cansar». O como empezar una maratón diciéndote: «No voy a llegar a la meta, es imposible, ¿cómo voy a lograr eso?».

¡¿Qué tipo de actitud es esa?! ¡Eso es la crónica de un fracaso anunciado, por el amor de Dios!

El síndrome del impostor es una de las barreras más grandes con las que se puede encontrar un emprendedor. Se da en los casos en los que uno no emprende nada porque se considera a sí mismo «no digno» o, en otras palabras, un «impostor», ya que no sabe lo suficiente como para hablar, escribir o crear un negocio.

Pues tengo noticias. ¿Sabéis qué? Siempre habrá alguien que sabrá más. Lo repito: SIEMPRE HABRÁ ALGUIEN QUE SABRÁ MÁS.

Alguien con más estudios, alguien más espabilado, alguien más inteligente... ¿O acaso pensamos que somos los mejores en algo? Yo no soy el mejor en nada, pero he sido capaz de montar una empresa que factura cientos de miles de euros. Mi mujer tampoco es la mejor en lo suyo, pero tiene su negocio, su tienda, se gana un sueldo y genera puestos de trabajo.

Si nos creemos que para lanzar un negocio tenemos que ser «los mejores» en algo, vamos mal encaminados. No necesitamos ser los mejores, ni tener más estudios, ni tener más dinero, ni ser los más inteligentes. Conozco gente que tiene tres carreras y es incapaz de emprender, y conozco personas que ni siquiera acabaron el bachillerato y tienen empresas que facturan millones.

No digo que los estudios, el dinero o la inteligencia sean factores negativos, ni mucho menos. Lo que digo es que no son ni necesarios, ni suficientes.

Por encima de todo eso debe estar la voluntad. Las ganas de emprender, las ganas de trabajar, las ganas de crear algo, las ganas de asumir riesgos: el espíritu emprendedor. Eso es mucho más importante que cualquier carrera.

«La imaginación es más importante que el conocimiento» (Albert Einstein).

Los fracasos nos aterrorizan

Imagina que un día te dan un arco y unas flechas, te colocan una diana a cincuenta metros y te dicen: «Venga va, dale al blanco».

Suponiendo que no hayas tocado en la vida un arco, lo que harás será mirarlo por encima, comprobar la tensión de la cuerda, averiguar más o menos cómo se coloca la flecha (al fin y al cabo, todos hemos visto alguna vez a Robin Hood y no puede ser tan difícil la cosa), echar un vistazo a la diana… Y de alguna forma un tanto chapucera, por pura intuición, calcularás la fuerza que debes ejercer sobre la flecha, tensarás la cuerda y apuntarás más o menos en dirección al blanco antes de disparar.

¿Realmente esperas darle? ¿A la primera? Si esperáis eso, dejadme que os diga que sois más optimistas que yo. Lo normal es que no le deis ni por asomo. Y ya no hablo de acertar en el blanco, sino de ni siquiera tocar la diana. Lo más seguro es que vaya tan desviada que seréis afortunados si no os dais en un pie.

¿Hemos fracasado? ¡NO! Lo hemos intentado. No hay nadie abucheándonos y gritando: «¡Fracasaaadoooo! ¡No sirves para esto! ¡Déjalo! ¡Veteee!». ¿Por qué deberían hacerlo? ¡Es tu primer intento! ¡Tienes más flechas! ¡Puedes seguir probando! ¿Qué harás? ¿Tirarlo todo y dejarlo? Para nada. Has aprendido. Y muchísimo. Ahora toca probar de nuevo con la siguiente flecha y, además, la experiencia de la primera.

Entonces… ¿Por qué llaman a los que «fracasan» al emprender «fracasados»? ¿Por qué vemos un negocio fallido como un punto negro en el currículum de alguien? Cuando alguien fracasa pensamos: «Lo intentó y fracasó. Así que si lo intenta de nuevo, fracasará de nuevo».

¡MENTIRA!

Que alguien fracase no le convierte en fracasado. Le convierte en valiente. Le convierte en más sabio. Le convierte en más experto. Le convierte en mejor. Mucho mejor que los que no lo han intentado.

Y digo «intentado» porque así es precisamente como deberíamos llamar a los fracasos: «intentos». Al menos, así no tendrían esta connotación tan negativa. No son fracasos. Son intentos. Supongo que ya conocéis la frase de Edison, después de miles de intentos (que no fracasos) hasta que inventó la bombilla:

«No eran fracasos. Simplemente descubrí 999 formas de cómo no hacer una bombilla».

Esto es exactamente lo mismo. Debemos intentar, aceptar el fracaso y volver a intentarlo. Pero no vale intentar, fracasar y rendirse. ¡NO HAGÁIS COMO LA LECHERA!

Imagino que todos conocéis también el cuento de la lechera. La lechera va de la granja hacia el pueblo pensando que venderá la leche y con lo que le den, comprará gallinas, que a su vez venderá, y con ese dinero comprará más, que también venderá para comprar una vaca, etc. Pero antes de llegar al pueblo tropieza, la leche le cae, se le rompe el cántaro y se queda sin nada. Sin leche, sin gallinas, sin vaca... Sin nada.

¿Sabéis algo curioso? Este cuento no existe en Estados Unidos. Ahí la cultura del «fracaso» es otro mundo. Nada que ver. Ahí los que han fracasado son valientes. Un fracaso en el currículum es algo positivo. Es sinónimo de «proactivo». De «luchador». De «valiente». De «emprendedor». Nunca de fracasado.

Cuando le conté ese cuento a Carol, mi profesora de inglés (americana, de Nueva Inglaterra), me dijo que no entendía la moraleja del cuento de la lechera; que, de hecho, la idea de negocio era buena. Vender la leche y reinvertir para crecer. ¡El modelo de negocio era bueno! Solo tenía que empezar de nuevo, esta vez fijándose dónde pisaba para asegurarse de que no tropezaba otra vez.

El peor fracaso es no intentarlo.

La «seguridad» de un empleo

Es obligado dedicarle un capítulo a este punto. Obligado. No sabéis las ganas que tenía de hablar de esto.

¿Cuántas veces hemos oído lo de «la seguridad de un empleo» versus la «inestabilidad» de emprender? Ya os lo digo yo: cientos de veces.

Para resumir diremos que, simplemente... NO ES CIERTO.

Y ahora vamos a por los argumentos.

Hace unos años, quizá estas afirmaciones podían ser más o menos aceptables, considerando que la economía era relativamente buena. Y quizá en un futuro tendremos la suerte de volver a tener una época de «vacas gordas» en la que los empleos sean más o menos estables.

Pero, ¡sorpresa!: la economía es cíclica. Espero no estar desilusionando a nadie, pero es un hecho. Existen los llamados ciclos Juglar y los Kondratieff que suelen durar unos 7 y 56 años respectivamente. Combinados, hacen que la economía tenga épocas buenas y malas. Esta sería una representación rápida del asunto, en la que vemos los ciclos largos y cortos en un mismo gráfico.

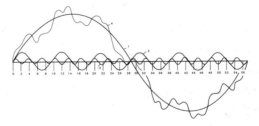

Como vemos, hay una gran onda que sube y baja: eso es el ciclo Kondratieff. Pero si nos fijamos, no es una onda perfecta, sino más bien errática. Esos «temblores» son los ciclos Juglar.

Pero, vamos, eso ya sería entrar en temas de macroeconomía, lo cual queda fuera del propósito de este libro. Lo que vengo a decir es que cuando la economía está en un mal momento, los despidos, los ERE y los cierres de empresas se incrementan. Es pura estadística.

Tener un trabajo no es tener inmunidad ante cualquier evento externo. Estamos igualmente a merced del contexto económico.

No sé por qué, pero tendemos a imaginar que al ser «empleados» no corremos riesgos. Pero, a ver... Parémonos a pensar. ¿Quién nos da trabajo? Nuestro jefe. Pero ¿qué es nuestro jefe, sino un emprendedor más? ¿Y no tiene él esos mismos riesgos, inestabilidad e inseguridad con los que se señala a los emprendedores? Entonces, considerando que cualquier empresa que te vaya a contratar estará formada por emprendedores y empresarios... ¿Qué te hace estar más seguro?

«Hombre, Joan... Pero hay empresas muy grandes que facturan tropecientos millones y que son más seguras, porque tal y cual, y eso sí que es estable, y lo otro y lo de la moto.»

Ya hemos visto los datos del Instituto Nacional de Estadística. Más de la mitad de los negocios son personas físicas (52,5 %) y, entre los restantes, predominan las empresas con entre uno y nueve ocupados (microempresas). O sea, que estar en una multinacional no es lo más común.

Pero, atención, porque estar en una gran empresa tampoco es tan seguro. Quizá esas empresas vayan a perdurar más en el tiempo, pero notemos un detalle: son las empresas las que sobreviven, no los trabajadores. ¿A qué me refiero? A que para «salvar la empresa» todo vale. Y hacer un Expediente de Regulación de Empleo de la noche a la mañana es lo más normal. Y ninguna se salva: SEAT, Mercedes, Movistar, SpanAir, Ford, Roca, ONO y tantas más. Aquí tenéis un ranking.

O sea, que descartamos también esas «grandes» y «seguras» empresas, porque ya vemos que no son la panacea.

Qué… ¿Aún no os he convencido de que ser emprendedor no es más arriesgado que tener un trabajo? Ah, eso es porque aún no os he hablado de un interesante dato al que yo llamo FRM.

Factor de Riesgo Máximo

Cuando me establecí por mi cuenta, lo primero que hice fue abrir una hoja de cálculo (soy muy fan de las hojas de cálculo). Hice lo que popularmente se llama «un Excel» y ahí metí todo tipo de fórmulas, datos y escenarios posibles para mi proyecto: datos, estadísticas, escenarios, probabilidades, ratios de conversión, etc.

Pero había un dato clave que desde el primer momento tuve controladísimo, uno que ocupaba un lugar predominante en la parte superior de la hoja de cálculo. El Factor de Riesgo Máximo.

El cálculo es terriblemente sencillo: dividir la facturación de tu mejor cliente entre la facturación total.

Y la interpretación de ese porcentaje también es simple. Ese porcentaje es lo máximo que puedes perder en caso de que tu MEJOR cliente te abandone.

Imaginemos un diseñador, por ejemplo. Hace logotipos, imagen corporativa, anuncios para revistas, diseño web, etc. Y tiene cinco clientes. Estos le van pidiendo varios trabajos a lo largo del año y su facturación respecto al total es la siguiente:

- Cliente A: 20%
- Cliente B: 20%
- Cliente C: 20%
- Cliente D: 20%
- Cliente E: 20%

Suponiendo este caso, si nuestro diseñador pierde «su mejor cliente», perderá un 20% de la facturación, puesto que factura lo mismo por todos. Ese es su FRM. En el peor de los casos, dejará de ingresar un 20%.

Cambiemos ahora esos pesos:

- Cliente A: 50%
- Cliente B: 20%
- Cliente C: 10%
- Cliente D: 10%
- Cliente E: 10%

Como vemos, ahora el cliente A es mucho más «peligroso» porque representa un 50% de los ingresos. Yo no estaría cómodo en esa posición, ya que si por cualquier motivo el diseñador pierde el cliente (cierra la empresa, encuentra otro proveedor, se enfada, deja de necesitar sus servicios, etc.), se quedaría sin la mitad de sus ingresos.

Evidentemente, cuanto menor sea ese factor, menos riesgo potencial tienes de perder gran parte de tus ingresos. En mi caso, me marqué un máximo del 10%. Nunca he querido un cliente que sobrepase ese número, ya que cuanto mayor sea, mayor poder tendrá el cliente para negociar y más dependiente de él serás.

Bien, interesante concepto, pero ¿qué demonios tiene que ver con la seguridad de un empleo? Los más avispados ya se habrán dado cuenta. ¿Cuál es el FRM de un trabajador por cuenta ajena?

- Cliente A: 100%

¿Quién es ese cliente A? Evidentemente, la empresa para la que trabaja. No olvidemos que en realidad «todos somos autónomos» y «todos nos alquilamos». Lo que pasa es que algunos lo hacen por cuenta ajena y tienen jefes, mientras que otros lo hacen por cuenta propia y tienen clientes. Pero es lo mismo.

En realidad, nosotros somos nuestros propios jefes. En última instancia, somos nosotros quienes decidimos lo que queremos hacer con nuestra vida y nuestro tiempo. Y en muchas ocasiones, optamos por «alquilar nuestro tiempo» a una empresa que nos contrata (alquila) para hacer un trabajo. También en este caso seguimos siendo nuestros propios jefes, salvo que hemos decidido alquilarnos a esa empresa, nuestro único cliente.

Resumiendo: un emprendedor alquila su tiempo a su propio proyecto, obteniendo ingresos de varios clientes. Pero un trabajador alquila su tiempo para el proyecto de otro, obteniendo sus ingresos de un solo cliente.

Así pues, como trabajador, no solo tienes tanto o más riesgo que un emprendedor, sino que además, si pierdes el trabajo, pierdes el 100% de tus ingresos. Y ahí está el auténtico riesgo.

Así pues, regresando al inicio del capítulo, decir que un trabajo «convencional» es más seguro que emprender... No es cierto.

Querer cambiar

Dejemos ahora de lado toda la teoría del marketing, de la contabilidad y de los estudios de mercado, y hablemos de algo que no suele mencionarse en los libros de organización de empresas, pero que cualquier emprendedor debería tener. La voluntad de cambiar.

Permitid que os cuente una pequeña historia personal, para situaros.

Yo estudié Administración y Dirección de Empresas. Como vivo en Mataró y la universidad estaba en Barcelona, tenía que ir en coche cada día a primera hora de la mañana. Curiosamente, aprendí una lección muy interesante no en la facultad, sino de camino a ella.

Como ocurre en todas las grandes ciudades, los atascos a esa hora son inevitables. Todos los que viven en Barcelona o en ciudades próximas, como es mi caso, van a la misma hora al mismo lugar, porque todos empiezan la jornada laboral (o clase) en el mismo momento. Incluso los padres llevan a los niños a la escuela a esa hora.

Estaba yo en pleno atasco en la Ronda de Dalt, desplazándome a base de divertidas paradas de dos minutos cada diez metros, rodeado de cientos de coches que hacían lo mismo, cuando tuve una revelación.

No quería hacerlo nunca más.

No estaba conforme. No me gustaba nada la idea de tener que perder todo ese tiempo cada día. No me parecía bien tener que sufrir ese atasco porque sí. No estaba de acuerdo en nada. Nada.

Quería cambiar.

Mi objetivo estaba claro: no quería pasar más por aquello. Daba igual cómo. Pero eso quedaba descartado de mi vida.

Y en aquel momento, justo cuando me dije a mí mismo «nunca más»... me sentí feliz. Me sentí aliviado. Me sentí bien. Porque sabía que no quería vivir esa situación y decidí dejar de hacerlo. Esa sensación de «paz y felicidad» ratificó aún más mi decisión y me dije: «Si esta decisión me hace sentir bien, ¿por qué no seguirla?».

Así pues, me puse a valorar alternativas. Todo valía, incluso cambiar de universidad o mudarme a Barcelona. Lo que hiciera falta. Pero no había marcha atrás.

Al final la solución no fue tan drástica. Simplemente decidí levantarme antes. Solía poner el despertador a las 7.00, así que pensé en adelantarlo una hora. Bueno, de hecho una hora y cinco minutos antes, a las 5.55. Así tenía 5 minutos extra para remolonear un poco en la cama y, a las 6.00, en pie.

Cuando me despertaba a las 7.00, llegaba a la universidad a las 8.45. O sea, que tardaba 1 hora y 45 minutos, principalmente por el tráfico. En cambio, levantándome a las 6.00, llegaba a las 7.10 como muy tarde. Con eso ganaba 35 minutos cada día.

¿Y qué demonios hacía yo a las 7.10 en la universidad, si las clases empezaban a las 9.00? Fácil... Estudiar. Me iba a la cafetería, que abría a las 7.00, me tomaba un café la mar de tranquilo, solo y relajado, y leía los apuntes o repasaba las lecciones.

Fijaos en cómo cambió el panorama. De estar metido cada día en un atasco de una hora, llegar justo de tiempo, no encontrar sitio para aparcar y empezar la jornada con estrés, pasé a llegar en un plis, sin atascos, aparcando en primera fila y con tiempo de sobra para preparar la jornada y repasar la anterior.

Quise cambiar. Y lo hice.

¡Ojo! No fue fácil, no fue gratuito. Me costó. Mi sacrificio era levantarme una hora antes, efectivamente. Pero ese precio era muy pequeño para todo lo que ganaba. Incluso mis notas mejoraron.

¿Y qué pretendo deciros contando toda esta batallita de abuelete? Que quien algo quiere, algo le cuesta. Pero que si queremos tener éxito en algo, necesitamos determinación. Necesitamos QUE-RER. ¡Porque sin espíritu, sin fuerza, sin ganas, no vamos a hacer nada bueno!

Querer hacer algo siempre tiene un precio. La determinación es cara. Pero cuando tienes una revelación, debes fijar el objetivo e ir a por todas. Os cuento una última batalla breve.

En mi universidad hay una bolsa de trabajo muy potente que en el último año de carrera te facilita todos los trámites para hacer prácticas en empresas y encontrar salida profesional. Así que me apunté, a ver qué salía.

Hice una entrevista de trabajo. Solo una. La recuerdo perfectamente.

Fue para entrar a trabajar en Pepsico, la gran multinacional. Ahí estaba yo, recién salido de la carrera, con mi traje de las entrevistas de trabajo, respondiendo las originales preguntas de los de recursos humanos, que ya me sabía de memoria.

Y de repente me sueltan: «¿Te ves trabajando en una gran multinacional dentro de cinco años?».

Evidentemente, conocía la respuesta «oficial», lo que tenía que responder para que me aceptaran y todo eso, pero la misma revelación que había tenido en el atasco pasó por mi mente otra vez.

En esa ocasión no estaba rodeado de coches atascados, sino de gente en despachos (que casi con seguridad esa mañana habían pasado por un atasco), pero la situación era la misma.

No. No me veía trabajando en una gran empresa.

Y claro, eso fue lo que dije. Que me veía más en una pequeña empresa, una pyme o una *startup*, o liderando mi propia empresa. Eso sí, lo dije con la mejor de mis sonrisas y con mucha amabilidad. Creo que aún deben estar preguntándose si entendí la pregunta.

A partir de ahí, esa sensación de «felicidad» de la que os hablaba regresó a mí.

Me sentía feliz, plácido y bien. Y eso, una vez más, reafirmó que era la decisión correcta. Acabé de sabotear la entrevista a base de respuestas sinceras y lo siguiente que recibí de ellos fue una carta, al cabo de un mes, en la que me comunicaban que, desafortunadamente, no encajaba con el perfil que estaban buscando.

Es curioso cómo una carta en la que dicen «no encajas con el perfil que estamos buscando» te puede hacer sentir tan bien. Para mí, era un cumplido. Aún la conservo.

¿Me costó algo tomar esa determinación? ¡Por supuesto! El sueldo y «estabilidad» que me podían dar en esa gran empresa. Pero, una vez más, era un precio muy pequeño comparado con el potencial de todo lo que estaba ganando. Mi libertad para hacer lo que quisiera. Y era mucho más feliz.

Una vez más: determinación. Querer cambiar lo que se da por hecho. ¡Sea lo que sea! «Tener que» pasar por un atasco, «tener que» hacer una entrevista, «tener que» estudiar una carrera o «tener que» pasar por donde pasa el rebaño.

Sin determinación, tu proyecto es la crónica de una muerte anunciada.

El efecto montaña rusa

Lo que voy a contar en este episodio os resultará ligeramente familiar si ya sois emprendedores. Y si no lo sois, es algo que debéis saber antes de empezar.

El estado anímico de los emprendedores es una montaña rusa.

Y no estoy hablando de una montaña rusa de feria de barrio. Me refiero al «Dragon Khan» de las emociones. Un día puedes estar pletórico, optimista y comiéndote el mundo, y al día siguiente estar inmerso en la más profunda de las depresiones, sin ver más que un pozo negro sin fondo, pensando que tu proyecto será el más grande de los fracasos en la historia del emprendimiento y que incluso te citarán en la Wikipedia por ello.

Pero ¡atención, porque ni siquiera tienen que ser días distintos! A veces es en el mismo día. Por la mañana lo ves todo de color de rosa y por la tarde todo es negro.

¡O incluso en ocasiones es cuestión de minutos! Estás pensando en tu maravilloso producto, servicio o idea y, de repente, se te cruzan los cables y dejas de verlo maravilloso: no entiendes cómo se te ocurrió semejante estupidez y te arrepientes de todo lo que has hecho.

Pero no os preocupéis. Luego volverá el subidón. Y el bajón. Y el subidón otra vez. Una montaña rusa, vamos.

¿Y sabéis lo más curioso de todo? En ese rato... ¡No ha cambiado nada!

¡Lo único que ha cambiado has sido tú!

Lo que quiero decir es que en el mundo exterior no ha cambiado nada. No es que de repente haya pasado algo que no tenías previsto, que te haya cambiado los planes y desmontado el negocio. Para nada. Todos los factores siguen igual. Tú has sido lo que ha cambiado. Tu mente. Tu forma de pensar.

¿Cómo puede ser que en cuestión de minutos pasemos de verlo todo blanco a verlo todo negro? ¿Qué podemos hacer para evitarlo?

Aceptarlo

Para empezar, debemos aceptarlo. Es un hecho. Es así. Incluso cabe la posibilidad de que sigamos igual después de lanzar, aunque ya hayamos conseguido algunas ventas e incluso algunos meses después de estar facturando.

Conozco algunos emprendedores que están viviendo de su negocio hace ya un par de años y siguen con ese mismo efecto montaña rusa. Hay días en los que ven un futuro brillante para la empresa, posibilidades de expansión por todas partes, y creen que deberían marcarse mayores objetivos anuales. Pero también llegan días en los que ven «temblar» toda la empresa, dudan de su posible sostenibilidad y auguran el cierre para ese mismo año.

Eso es normal.

O sea, que no os lo toméis como algo raro o que solo os pase a vosotros. Le pasa a cualquier emprendedor. Solo tenéis que aceptarlo y, cuando lo detectéis, sonreíd y pensad: «Mira, ya está ahí la montaña rusa que dice Joan».

Eso os ayudará.

Una vez que ya tengáis claro que eso forma parte de la normalidad, os aseguro que no os afectará tanto. Parece una tontería, pero es cierto.

Disminuirlo

Aceptar este efecto no quiere decir que no hagamos nada para intentar reforzar nuestra confianza y mitigar nuestros miedos.

De hecho, esos bajones suelen tener unos motivos que, en mayor o menor medida, tienen algo de cierto. Así pues, os recomiendo que indaguéis hasta encontrarlos.

Cuando os dé por pensar que todo va a salir mal, debéis preguntaros: «¿Por qué tiene que salir mal?». Y no vale responder «porque sí». Deben ser respuestas concretas, como por ejemplo: «Porque no tendré suficientes clientes». Eso ya me vale (suele ser un clásico). Bien, y ahora, ¿qué debemos hacer? Volver a nuestro análisis de mercado. Lo que hemos hablado en el capítulo de evaluar ideas de negocio. ¿Hemos hecho ahí los deberes? ¿Sí? ¿Tenemos información de Google Trends, de Facebook y del INE para saber el tamaño de mercado? Si es así y el mercado está ahí… ¿Por qué preocuparse por eso?

Otro ejemplo: «Quizá haya mercado, pero la gente no esté interesada en comprarlo». ¿Eso crees? ¿Has hecho el análisis con Google AdWords Keyword Planner? ¿Hay suficientes búsquedas de ese producto o servicio? Entonces, ¿de qué preocuparse? Si la gente lo busca es porque lo quiere.

Y así podríamos seguir indefinidamente. ¿Has hecho el análisis de competencia? ¿Has compartido tu idea con más gente? ¿Has hecho el cálculo de costes? ¿Has leído todas las páginas de este libro hasta aquí?

Si haces los deberes y eres realista contigo mismo, vas a quedarte mucho más tranquilo y, cuando aparezcan esas dudas infundadas, tú mismo las podrás resolver.

Pero lo advierto de nuevo: la montaña rusa seguirá ahí. Quizá más moderada, pero ahí.

Os voy a poner un ejemplo que me toca de cerca: este mismo libro.

Estoy motivadísimo con él. Me lo estoy pasando en grande escribiéndolo. Cada capítulo, cada párrafo, cada palabra. Me motiva publicar un libro. Me motiva que llegue a mucha gente. Me motiva que pueda ayudar a todos los que lo lean a dar ese paso hacia el fantástico mundo del emprendedor.

Y llega la montaña rusa.

A ratos pienso que será un éxito, que le gustará a todo el mundo, que la gente hablará de él, que se venderá muy bien.

Y a ratos pienso que no tendrá aceptación, que la gente prefiere libros más técnicos, que esta visión más humana del emprendedor no va a interesar, etc.

Efectivamente… Puedo cambiar de estado anímico en cuestión de minutos, sin ningún tipo de factor externo. ¿Por qué? Porque todos tememos a ese «fracaso» del que os he hablado ya tantas veces. Aunque sea infundado. Cuando se trata de pensar en el éxito de nuestro proyecto, somos irracionales. Tememos por temer.

Así pues, ¿qué hago si me asaltan estos pensamientos negativos? Simplemente razono con datos. En mi caso, algunos de ellos podrían ser factores internos:

- Mi podcast de marketing online tiene una audiencia de más de 10 000 oyentes que me escuchan cada día (datos de abril de 2016).
- El episodio más escuchado desde que empecé lleva el mismo nombre que este libro: «En 100 años todos muertos». Y hablo precisamente de lo que habla este libro.
- En todos los episodios en los que hablo de emprendimiento y motivación, como «La aventura de emprender» o «Empezar», el *feedback* de la audiencia se dispara.
- Cuando alguna vez he pedido colaboración a la audiencia, como en el caso del experimento para posicionar en Google o para lograr viralidad en Twitter, lo hemos conseguido y superado con creces.
- Tengo más de 20 000 suscriptores en mi newsletter, que se han apuntado ellos mismos porque quieren estar informados.

- Pregunté en mi podcast si había interés en un libro solo técnico o que incluyese la vertiente humana, y la gran mayoría optó por ambas cosas.

Por otro lado, cómo no, también hay factores externos. Nombremos solo algunos de ellos:

- La Tasa de Actividad Emprendedora (TEA) en España se sitúa entre el 5% y el 6%, un mercado más que atractivo.
- La creación de *startups* en España creció un 26% en 2015.
- Hay múltiples webs, revistas, portales y eventos únicamente dedicados a emprendimiento, negocios, franquicias y temas derivados.

Y podría seguir dando docenas de datos favorables. Si queréis saber más, echad un vistazo a la web de la GEM España, el observatorio de los emprendedores. ¡Y eso es solo España! Podría daros muchísimos más datos. Podría aburriros con estadísticas. Pero no es el objetivo de este capítulo.

Así pues, cuando tengáis esos ataques de pánico y lo veáis todo negro, tranquilizaos y repasad los datos que habéis tomado como referencia al evaluar vuestra idea de negocio. Os quedaréis más tranquilos.

Compartir

Otra cosa que ayuda muchísimo a pasar la angustia de los momentos más bajos es compartir esos estados anímicos con otros emprendedores. Creedme, esto funciona mejor que bien.

Si sois emprendedores, hay muchas posibilidades de que lo estéis haciendo solos. Eso implica que no podréis compartir todas esas dudas, preguntas, momentos buenos y momentos malos con nadie. Incluso si estáis emprendiendo con alguien más, al estar juntos en la misma «isla desierta», seguís igual de perdidos.

De hecho, incluso aunque seáis los gerentes de una pequeña *startup* y deis trabajo a un grupo de personas, os podéis sentir solos. Solos para decidir, solos para arriesgar, solos para tripular la nave. Cierto. Tenéis un grupo de trabajadores y «físicamente» estáis acompañados. Pero no tenéis un «compañero de viaje».

Así pues, ¿con quién podéis compartir todas esas dudas? Bien, tenemos varias opciones y las veremos todas en los siguientes capítulos:

- *Coworkings*
- *Mastermind groups*
- Mentores

¡Vamos allá!

No es oro todo lo que reluce

Vamos ahora a analizar otro tema que puede llevar a confusión. Se trata del «éxito aparente» de muchas empresas que, en ocasiones, nos nublan un poco el camino que realmente debemos tomar.

Durante un tiempo, en una calle del casco antiguo de mi ciudad convivían dos peluquerías. Una tenía una plantilla de cinco personas y siempre estaba llena, decorada a la última, en un local muy grande y muy moderno. La otra constaba de un único peluquero, el de toda la vida, en un local entre antiguo y *vintage*, y en muchas ocasiones no tenía ningún cliente.

Si nos ponemos a valorar esos dos negocios, cualquiera habría dicho que los primeros estaban montados en el dólar, mientras que al otro no le daba ni para pipas.

Un día una de las dos peluquerías cerró. Y para sorpresa de muchos, fue la que parecía ir tan bien. ¿Las razones? Muchísimas. Principalmente deudas. El préstamo que habían pedido para las reformas, los cinco sueldos, el alquiler de un gran local… En cambio el peluquero no pagaba alquiler porque el local era suyo, no pagaba sueldos porque él era el jefe y no tenía ninguna deuda por reformas porque no había reformado en la vida. Esa peluquería aún sigue abierta.

Así pues, no nos dejemos engañar ni cegar por algunos negocios que «aparentemente» parecen ir muy bien, pero cuyos datos desconocemos en realidad. Ya hemos hablado del caso de grandes empresas como Kodak, Fagor e incluso Bankia, que han sido grandes bancarrotas y nadie lo hubiera dicho en su momento.

¿Por qué os cuento esto? Porque, en muchas ocasiones, algunos clientes quieren imitar a otras empresas o profesionales porque «les va muy bien», «se están forrando» o incluso «se sacan no-sé-cuántos miles de euros cada mes».

Ciertas empresas o profesionales pueden ser muy conocidos, sus vídeos pueden tener muchas visualizaciones, sus podcasts muchas descargas, sus artículos gran difusión. Pero ¡popularidad no es facturación! ¿Ayuda? Por supuesto que puede ayudar, pero eso no quiere decir que se ganen la vida con ello, ni mucho menos.

Pero ¡eso no lo sabe nadie! Y de ahí que muchos quieran copiar su web, quieran copiar su estrategia, quieran copiar su metodología. Lo que no saben es que, en realidad, es todo fachada y detrás solo hay un gran músculo financiero (o muy pocas necesidades económicas) que les permite aguantar hasta que todo se venga abajo. De ahí que exista el concepto «morir de éxito». No se muere de éxito. Se muere porque no hay ingresos asociados con él.

Centrémonos en NOSOTROS. En nuestro plan de negocio, en nuestro estudio de mercado, en nuestros puntos fuertes. Y dejemos que los otros hagan y digan lo que quieran.

Así pues, vigila: no es oro todo lo que reluce.

Detectar ideas de negocio

En ocasiones, los emprendedores tenemos una idea de negocio. En ocasiones (la mayoría de las veces) tenemos muchas. Pero otras veces, no tenemos.

Tener ganas de emprender, pero sin saber por dónde tirar, es como tener sed sin saber de qué bebida. Es como tener una palabra en la punta de la lengua que no te acaba de salir. Sabes que hay un destino, pero no sabes cómo encontrar el camino.

Esto suele ocurrir cuando cambia algo en nuestra vida. Por ejemplo, cuando alguien se queda sin trabajo y recibe un finiquito. O cobra una herencia. O le toca un premio (moderado) de lotería. Tenemos tiempo, tenemos ganas, tenemos una oportunidad. Pero no tenemos la idea.

Bien; si ese es vuestro caso, traigo buenas noticias. Detectar ideas de negocio es fácil. Lo difícil es ejecutarlas, como veremos más adelante. Pero ahora vamos a dedicar un capítulo a contar varias formas de detectar esas ideas.

La primera técnica es muy simple e incluso divertida. Suelo ponerla en práctica cuando doy clase a los alumnos de carrera. Se trata, ni más ni menos, de leer el periódico.

Leer el periódico

Sí, señor, algo tan fácil y simple como leer las noticias, pero con chip emprendedor. Todos los alumnos deben traer el periódico del día a clase y, entre todos, vamos repasando las noticias, una a una. Y de cada una de ellas sacamos varias ideas de negocio.

En general, las noticias indican algo relativamente «importante» que afecta a un grupo relativamente significativo de gente. Eso quiere decir que, de alguna forma, todas las noticias tienen algo con lo que se puede hacer negocio; en ocasiones de forma más evidente, en otras, no tanto.

Al principio a los alumnos les cuesta, pero a medida que van saliendo las primeras ideas con un poco de ayuda y le pillan el truquillo, de cada noticia salen fácilmente media docena de negocios.

Por ejemplo, una noticia fácil sería esta de *El País*:

Atención al español en EEUU

La población hispana asegura con su crecimiento el futuro del idioma

El español, todo un patrimonio contante y sonante

Al leerla, vemos la importancia que está cobrando el español en Estados Unidos. De hecho, es la lengua que los americanos tienen más interés en aprender (después de la suya propia).

De ahí podríamos sacar ideas de negocio como cursos online de español para americanos, academias de español en Estados Unidos, conversaciones entre nativos por Skype, etc.

Aquí vemos otro ejemplo fácil, del mismo periódico:

Animales que generan millones

- El mercado en torno a las mascotas facturó 2.200 millones de euros en España en 2014

- **In English: Why Spaniards are spending more on looking after their pets**

Incluso nos aporta datos concretos: el mercado en torno a las mascotas generó 2.200 millones de euros. Si leemos el artículo entero, también encontramos datos históricos y previsiones de futuro.

na. Para que os hagáis una idea de ello, tengo una cliente con un *e-commerce* especializado en... ¡arneses para hurones! Y otra que tiene varios *e-commerce* solo de ropa para chihuahuas. Y a pesar de ser un tema tan nicho, a ambas les va genial.

Así pues, lo que debemos hacer es sentarnos por la mañana con la prensa del día y empezar a tomar nota de cada noticia, preguntándonos:

¿A quién afecta esta noticia?

¿Cubre alguna necesidad o deja alguna sin cubrir?

¿Qué se podría ofrecer al público afectado por esa situación?

La idea está en convertir cada noticia en una oportunidad. Esa es la clave. Verlo como oportunidades del entorno y del contexto actual.

Pongamos un ejemplo muy concreto: la Ley española 28/2005, del 26 de diciembre, que entró en vigor el 1 de enero de 2006, conocida como «Ley antitabaco».

Con ella se prohibía fumar en lugares en los que hasta esa fecha estaba permitido, regulando las zonas especiales para fumadores en locales como bares y restaurantes. A raíz de esa ley, muchos negocios de restauración tuvieron que hacer ciertas reformas para adaptar zonas de fumadores y separarlas de las zonas comunes.

Bien, pues a ojo de emprendedor eso es una gran oportunidad. De hecho, muchas empresas de reformas aprovecharon para lanzar ofertas de adaptación a la nueva regulación y, durante meses, estuvieron habilitando y adaptando esos espacios.

Cierto es que algunos estaban en el momento adecuado y en el lugar adecuado por casualidad, pero otros vieron la oportunidad y se lanzaron a por ella.

Así pues, si detectamos una noticia de una ley o situación que implique hacer un cambio en un segmento de la población, preguntémonos: ¿se puede crear un servicio para hacer ese cambio? Y si es así, vayamos a por él, porque ya tenemos ahí el mercado.

Escuchar quejas

Una queja es una bendición en el mundo de los negocios. Cuando alguien se queja de algo, está diciendo a gritos que necesita solucionar una necesidad que actualmente no tiene cubierta. Nuestra misión será pensar en un producto o servicio que la cubra.

«Mi chihuahua siempre tiene frío», puede ser señal de que necesitamos una tienda de ropita para chihuahuas. Ese negocio existe.

«El cajón de arena del gato huele mal», puede ser señal de que necesitamos un curso para enseñar a los gatos a usar el retrete. Ese negocio existe.

«Siempre que voy al médico tengo que estar esperando no sé cuántas horas», puede ser una señal de que hace falta una web de consultas online. Ese negocio existe.

Así pues, cada vez que oigamos una queja, acordémonos de esta táctica y analicémosla desde un punto de vista de emprendedor. ¡Alguien tiene una necesidad por cubrir! Preguntémonos:

- ¿Habría alguna solución para resolver esa queja?
- ¿Se puede crear un servicio o producto para ofrecer esa solución?
- ¿Estaría dispuesta esa persona a pagar algún importe para tener esa solución?

En noviembre de 1936, un adolescente gallego quedó sepultado en uno de los bombardeos de Madrid durante la Guerra Civil española. En el hospital al que lo trasladaron, se dio cuenta de que muchos niños heridos como él no podían jugar al fútbol y se quejaban de ello.

Así que, lejos de quejarse él también, agudizó el ingenio. Escuchó la queja, vio la necesidad. Pensó en cómo solucionarla y se le ocurrió un producto. Pidió ayuda a un amigo suyo, un carpintero vasco, y crearon la solución.

Ese adolescente era Alejandro Finisterre. Y el invento era el futbolín.

Así pues, si buscamos ideas de negocio, tengamos ese «chip» siempre activo, tengamos siempre esa mentalidad. Cuando oigáis una queja, que salte la alarma en vuestras cabezas. Quién sabe, quizá inventéis algo que incluso llegará a tener su propia federación española, como le pasó a Alejandro.

Viajar

Un clásico entre clásicos. ¿Cuántas veces habéis oído a alguien que se está forrando con un negocio y cuando le preguntan cómo se le ocurrió contesta: «Bueno, es que me fui de vacaciones a tal sitio, lo vi y pensé… Ah, pues esto no está en España y podría gustar»? Lo importan a su propio país y les va genial.

Hay literalmente miles de servicios y productos que existen en un país, mientras que en otros ni siquiera han oído hablar de él. ¡Busquémoslos!

Soy consciente de que no todo el mundo tiene los recursos necesarios para viajar, ya que puede requerir mucho tiempo, dinero o las dos cosas. Pero, atención, porque estamos en la era de la información. Y gracias a internet tenemos el mundo al alcance de nuestros dedos.

A través de los canales temáticos de la TDT (como el canal Viajar o el Travel Channel) podemos llegar al rincón más inhóspito del mundo y saber cómo viven sus habitantes, qué productos compran y qué servicios contratan.

Otra opción aún más interesante es utilizar redes sociales de vídeo, como YouTube, donde podemos encontrar «presentadores» no profesionales contando sus viajes. En ellos podemos aprender tanto o más que en televisión. Hay verdaderos y genuinos trotamundos que narran y graban sus viajes por el mundo, incluso a diario, contando sus experiencias.

En algunos casos, incluso podemos aprender de los propios habitantes de esas zonas y regiones, que con sus vlogs (videoblogs) nos muestran su día a día. Eso sí que es información de primera mano.

Un ejemplo muy conocido es el caso de Leopoldo Fernández Pujals, fundador de Telepizza. La idea de elaborar pizzas con envío a domicilio salió de la época en la que estuvo viviendo en Estados Unidos, donde esa práctica estaba ya muy extendida. Lo único que hizo fue adaptar el producto al gusto local y explotar el negocio de manera muy similar.

Así pues, viajemos, veamos documentales, sigamos a trotamundos digitales o a reporteros amateurs. Pero, una vez más, con mentalidad emprendedora. Y cada vez que encontremos algo «interesante», apuntémoslo en nuestra lista de ideas.

Franquicias

Tenemos también caminos más establecidos y clásicos. Uno de ellos es la franquicia, perfecta para asegurar la jugada. Las franquicias no solo nos dan el modelo de ingresos y de negocio, sino que también nos transmiten el *knowhow* de su experiencia. Y la experiencia de un modelo de negocio que funciona y factura, vale su peso en oro.

La franquicia es un tipo de empresa muy especial. Por un lado, tenemos la empresa franquiciadora, propietaria de un negocio que normalmente tiene ya un recorrido significativo y cierto éxito.

Por otro lado, tenemos el franquiciado: una persona (o empresa) que paga por explotar ese negocio en una zona geográfica durante un periodo de tiempo determinado.

Aquí, la gracia es que no debes pensar en la idea de negocio porque ya lo ha hecho otro. Tú solo debes explotarla y gestionarla.

Podéis encontrar un sinfín de webs y portales sobre franquicias, en los que se pueden realizar búsquedas a través de filtros (nivel de inversión, royalties, tipología, sectores, etc.) para encontrar vuestra franquicia ideal. Incluso en los quioscos podemos encontrar varias revistas especializadas únicamente en ellas.

Así pues, si tenemos ganas de emprender, pero la imaginación no es nuestro punto fuerte, o no logramos detectar ningún negocio de nueva creación, ese es un camino muy recomendable.

Instituto Nacional de Estadística

Y acabamos con una de las herramientas más interesantes y completas que tenemos al alcance de la mano gracias a internet. Y encima es gratuita: el INE.

El Instituto Nacional de Estadística publica periódicamente cientos de informes exhaustivos con datos que nos permiten observar tendencias del mercado actual en España.

Por ejemplo, podemos conocer con facilidad el gasto medio por hogar en España y lo podemos clasificar por partidas.

Grupos de Gasto	Gasto medio por hogar (euros)	Tasa de variación anual	Diferencia anual absoluta (euros)
TOTAL	27 098	-3,7	-1044
1. Alimentos y bebidas no alcohólicas	4098	-1,0	-42
2. Bebidas alcohólicas y tabaco	534	-7,8	-45
3. Vestido y calzado	1348	-3,9	-55
4. Vivienda, agua, electricidad y combustibles	8964	-1,4	-126
5. Mobiliario, equipamiento y otros gastos de la vivienda	1147	-7,5	-93
6. Salud	870	-3,0	-27
7. Transporte	3121	-8,0	-200
8. Comunicaciones	823	-4,4	-38
9. Ocio, espectáculos y cultura	1537	-8,0	-133
10. Enseñanza	361	8,6	29
11. Hoteles, cafés y restaurantes	2251	-8,5	-208
12. Otros bienes y servicios	2044	-4,9	-106

Esta información es de la Encuesta de Presupuestos Familiares, de la que podemos obtener una idea rápida sobre qué sectores funcionan mejor, cuáles funcionan peor y cómo evoluciona cada uno.

En la web del Instituto Nacional de Estadística podemos encontrar todos los indicadores económicos, estudios sobre agricultura y medio ambiente, ciencia y tecnología, demografía y población, economía, industria, energía, construcción, información sobre el mercado laboral, datos sobre la sociedad e, incluso, sobre el nivel y las condiciones de vida.

De hecho, estos informes son tan completos que no solo los podemos usar para detectar esas ideas, sino también para evaluarlas.

Y precisamente de eso vamos a hablar en el siguiente capítulo: evaluar ideas de negocio.

Evaluar ideas de negocio

Uno de los puntos en común que tenemos muchos emprendedores es que saltamos de idea en idea como locos.

En las sesiones de consultoría que hago lo veo clarísimo. Especialmente en los que quieren emprender un negocio pero no saben exactamente cuál. Tienen media docena de ideas y van saltando de una a otra cual abeja de flor en flor.

¡Un *membership site* para jubilados! ¡Una web de cursos de repostería! ¡Un *e-commerce* de productos importados! Todo les parece bien, todo les parece interesante, todo factible.

Está muy bien hacer un *brainstorming* de ideas para evaluar, pero debemos tener la cabeza fría y realizar un pequeño análisis objetivo de cada una.

Lo que os propongo en este capítulo es hacer una evaluación rápida de todas ellas, para ver cuál es la más factible, la que más encaja con vosotros y la que tiene más puntos para ser una idea ganadora. Y precisamente con «puntos» lo haremos.

Lo que quiero que hagáis a continuación es escribir en un papel todas las ideas que tengáis en mente o que hayáis detectado a través de los ejercicios del capítulo anterior. Vamos a darles puntos a medida que avancemos. ¿Listos? ¡Vamos allá!

Análisis DAFO

Este no es un libro de organización de empresas, así que no quiero entrar en detalle ni hacerme pesado. Ya sabéis que no me gusta la «parálisis por análisis», pero estos cuatro conceptos que veremos ahora los tenéis que tener en cuenta y debéis considerarlos, aunque sea de forma breve.

El DAFO es un análisis de cuatro factores. Los dos primeros hacen referencia a temas «internos» o propiamente nuestros, y los otros dos, a temas «externos» que no dependen de nosotros.

Empecemos por los internos, nuestras fortalezas y debilidades, aquellos que solo nos ayudan (o perjudican) por ser quienes somos o ser como somos.

1. Fortalezas

¿Sois fuertes en ese negocio? ¿Tenéis algo que os haga mejores que la competencia? ¿Tenéis una habilidad, conocimiento o recurso que os ponga en una ventaja competitiva?

Quizá tengáis ya un comercio y queréis montar un *e-commerce*. En tal caso ya contáis con experiencia, stocks, contacto directo con los clientes, conocéis a los proveedores… Eso sería un punto fuerte. O quizá tenéis en propiedad un local vacío que podéis usar para lo que queráis. ¡Eso también cuenta!

Para hacer un símil, en una carrera esas ventajas nos situarían unos metros por delante de nuestros competidores en la línea de salida.

Una vez que las hayáis detectado, apuntadlas y contrastadlas con el listado de ideas de negocio que ya tenéis hecho. ¿Qué ideas de negocio aprovechan vuestras fortalezas? Debéis ir idea por idea y, por cada fortaleza aprovechada, sumáis un punto.

Si alguna aprovecha tres fortalezas, tres puntos. ¿Ninguna? Cero puntos.

2. Debilidades

Hasta Superman tiene la kryptonita. Seguro que tenéis puntos débiles. Quizá no tengáis dinero suficiente para montar ese negocio. Quizá no tenéis experiencia. Quizá no tenéis contactos en ese sector. Todo esto está al otro lado de la balanza.

Las debilidades son todos aquellos factores internos (nuestros, propios) que nos ponen en una situación de desventaja competitiva. En el mismo ejemplo de la carrera, estos factores nos situarían unos metros por detrás de nuestros competidores.

Me imagino que ya sabéis lo que toca ahora. Hacer revisión de las ideas de negocio y restar un punto por cada debilidad. Si una idea requiere un par de cosas que no tenéis, dos puntos menos.

Y así con todas las de la lista.

Y pasamos ahora a los otros dos puntos del análisis DAFO, que dependen del sector, del entorno o de la coyuntura económica. No de nosotros.

3. Oportunidades

¿Es un buen momento para lanzar ese servicio? ¿Está de moda? ¿Una ley ha cambiado y podemos aprovechar para lanzar un servicio que cubra esa necesidad?

Ya lo hemos visto en el capítulo anterior. Si una de esas ideas del listado ha surgido a partir de una noticia, ya tenemos claro que está aprovechando una oportunidad. ¡O sea, que vamos a sumar un punto!

Aquí, la idea consiste en aprovechar esos factores externos, ajenos a nosotros. Imaginemos una carrera de veleros: ¿tenemos el viento a favor o en contra? Fijémonos en que eso ayudará o perjudicará a todos los participantes. Es una oportunidad para todos. Pero ¿quién la aprovechará?

Lo mismo ocurre con vuestras ideas. Si el entorno económico y social es favorable para esa idea, os va a ser mucho más fácil llegar a buen puerto.

Esas oportunidades se encuentran en todas partes, como ya hemos visto en el capítulo anterior. Así pues, detectémoslas y tengámoslas en cuenta.

4. Amenazas

Y ahora, el revés de la moneda: ¿está ese sector o modelo de negocio en jaque? ¿Puede ser que por alguna razón externa a nosotros se vaya todo al garete? ¿Pende de un hilo toda la estructura? Quizá un cambio de ley pueda llevarnos a la ruina. O un competidor con más potencial económico pueda desbancarnos.

Evidentemente, siempre hay amenazas. Siempre hay riesgos. Está en la naturaleza de todos los negocios. Si no fuera así, todo el mundo emprendería fácilmente. Pero lo que debemos hacer en este análisis es detectar esas amenazas latentes que no se observan a primera vista.

Imaginemos que tenemos una interesante idea de negocio relacionada con el sector de la salud y el bienestar. Una posible amenaza es que un grupo farmacéutico o una aseguradora, con un gran poder financiero, puedan entrar en cualquier momento en el mercado desbancándonos sin esfuerzo.

O quizá tengamos una idea basada en importar ciertos productos alimenticios de otro país, que no existen en el nuestro. Y de repente, una nueva ley de sanidad nos prohíbe la comercialización de los mismos. Nos quedamos sin nada.

Así pues, ahora toca revisar nuestras ideas y buscar esas amenazas. Restaremos un punto por cada amenaza que aceche a cada idea de negocio. Cuantas más amenazas, más puntos restaremos.

Y con esta aproximación rápida, veremos cómo ciertas ideas empiezan a destacar por encima del resto. Evidentemente, no podemos basar la decisión solo en estos cuatro puntos. Nos queda mucho por hacer. Pero es una técnica fácil y rápida para descartar opciones y ver el panorama inicial.

Para hacer más fácil este análisis, vamos ahora a enumerar las variables que más importancia tienen, según mi experiencia en proyectos propios y en los de mis clientes. ¡Que conste que no son las únicas! Pero sí es cierto que suelen ser fundamentales para tomar una buena decisión. Sobre todo las dos primeras: tiempo y dinero.

Restricción presupuestaria

Efectivamente, hablamos del vil metal. Del dinero. ¿Tenéis el dinero necesario para llevar a cabo ese negocio? ¿Tenéis que pedirlo? ¿A quién? ¿Os lo van a dar? ¿Vale la pena endeudarse?

En función de las respuestas a esas preguntas, añadiremos más fortalezas o más debilidades en el estudio anterior (y consecuentemente, más o menos puntos).

Si no tenemos el dinero, evidentemente no va a ser una fortaleza. Tendremos que pedirlo, endeudarnos y devolverlo periódicamente. Y eso hará más desagradable llegar a fin de mes. En cambio, si disponemos de ahorros, un finiquito o ese moderado premio de lotería, contamos con un músculo financiero que nos va a permitir aguantar más al principio e invertir donde haga falta.

Una vez más y sin querer entrar en tecnicismos ni Contabilidad Analítica de Explotación, debemos tener los números claros. Y eso lo podemos ver enseguida con una hoja de cálculo en Excel o las hojas de cálculo de Google (servicio gratuito).

Debemos crear como mínimo dos documentos: el de inversión inicial y el de flujo de caja.

En el primero pondremos todas las partidas necesarias para la inversión inicial, para ver de qué cantidades estamos hablando. ¿Son cientos de euros? ¿Miles? ¿Cientos de miles? Rápidamente podremos ver si ese tipo de negocio está o no a nuestro alcance. En el episodio 613 de mi podcast tenéis un documento para usar de base.

Como digo, no hace falta entrar en detalle. Solo estamos haciendo un análisis previo para evaluar esas ideas de negocio.

Por otra parte, también necesitaremos hacer una proyección mensual del flujo de caja. O sea, ver qué gastos tenemos cada mes y qué nivel de ingresos vamos a necesitar para que el negocio sea sostenible. Cuando sepamos ese nivel de ingresos mínimos, podremos ver si se corresponde con una cantidad coherente de ventas. También podéis encontrar un documento base en el mismo episodio.

Es importante que en este cálculo consideremos también nuestro sueldo. No vale decir que un negocio «funciona, pero aún no estoy ganando/cobrando nada». Ese negocio NO funciona (de momento). Aunque parezca de sentido común, os quedaríais sorprendidos de los negocios que hay en marcha en los que el empresario no está cobrando un sueldo. Así pues, ese gasto deberá formar parte del presupuesto desde el primer día.

Si, por ejemplo, calculamos que necesitamos facturar 10 000 € mensuales para cubrir gastos y pagar nuestro propio sueldo (el que sea que nos hayamos fijado), podremos hacernos una idea del número mínimo de unidades de producto o de servicios necesarios para cubrirlo.

A eso se le llama «umbral de la rentabilidad». Pero no nos pongamos técnicos, que no me gusta. Simplemente, calculad que si vendemos un producto a 100 € y necesitamos 10 000 € mensuales para que funcione el negocio, eso implica vender 100 productos cada mes, sí o sí. Eso son unos tres o cuatro productos al día. ¿Lo vemos factible? ¿Es realista vender esa cantidad? Eso determinará, evidentemente, si apostar o no por esa idea.

Pero ¡a veces no es tan simple! Tal vez llegar a esas 100 ventas mensuales mínimas no será posible a corto plazo (no lo conseguiremos durante los primeros meses), pero sí a medio o largo plazo, una vez que el negocio haya crecido y se haya dado a conocer. A veces, los negocios necesitan tiempo. Hablemos de ello.

Tiempo

Aquí deberíamos hacernos preguntas del estilo: ¿Cuánto tiempo tardaré en empezar a cobrar? ¿Puedo aguantar todo ese tiempo sin sueldo? ¿Tendré otras fuentes de ingresos?

Cuando hablo de «cuánto tiempo», me refiero al período transcurrido desde que empezamos a trabajar en nuestra idea a tiempo completo hasta llegar a ese umbral de la rentabilidad.

Si el proyecto requiere seis meses, no será lo mismo que si requiere doce. Eso es lo que debemos colocar en nuestro *checklist* de factores positivos y negativos en el momento de comparar las ideas de negocio. Si no tenemos recursos para vivir sin ingresos más de seis meses, no nos podemos liar la manta a la cabeza con proyectos que necesiten doce o dieciocho meses, con lo que deberíamos descartarlos.

También hay que tener en cuenta que no podremos contar con el paro. En el momento en que empecemos a emprender nos tendremos que dar de alta como autónomos, así que ya no podremos contar con esos ingresos (técnicamente, ya no estaremos desempleados). Así pues, quizá debamos «preparar» nuestro negocio mientras estamos cobrando el paro y darnos de alta en el último momento, cuando ya tengamos que «abrir las puertas».

En los negocios de nueva creación, estos dos elementos son clave. O dispones de tiempo o de dinero. Si no tienes dinero pero dispones de tiempo, poco a poco puedes ir creciendo, aunque te lleve años. Ese es el caso de ciertos *bloggers* o artistas que viven de ello. Se han ganado su reputación y su comunidad a pulso. De hecho, muchos de ellos empezaron a pensar en monetizar ese esfuerzo una vez que ya tenían una comunidad detrás. Lo lograron sin inversión, pero con mucho tiempo dedicado.

Por otra parte, también hay casos en los que en poco tiempo se ha logrado una cierta relevancia gracias a la publicidad. AdWords, Facebook o incluso campañas offline pueden tener un alcance más que significativo en pocos días.

Pero si no tenemos ni tiempo para dedicarnos a crear contenido de calidad (para que nos encuentren), ni dinero para invertir en campañas publicitarias (para que nos encuentren), va a ser muy poco probable que consigamos despegar.

Pero no todo queda ahí. Vamos a por los demás factores.

Momento

Hay otro factor (también relacionado con el tiempo) que debemos considerar. El momento. Saber si es el momento apropiado para lanzar el negocio es clave.

En este caso debemos hacernos preguntas del estilo:

- ¿Llegamos tarde?
- ¿Se trata de una moda pasajera?
- ¿Vamos a estar a tiempo de colocarlo en el mercado?
- ¿Es sostenible a lo largo del tiempo?

Estamos en una época de modas fugaces. Es por eso que debemos mantener la cabeza fría en todo momento y pensar si realmente estamos a tiempo de lanzar ese producto o servicio.

¡De repente el «palo selfie» es el regalo más vendido de las Navidades! Y cuando queremos vender el nuestro, el mercado ya está inundado de ellos. ¡Incluso lo venden los manteros en la calle!

Además, las modas son fugaces. Van y vienen. Ahora se pone de moda un accesorio o complemento porque lo lleva tal famoso, y en dos meses desaparece del mercado.

Cuando en 2010 España ganó el mundial, se pusieron de moda unas pulseras porque las llevaba Sara Carbonero. Todas las chicas querían tener esas pulseras. ¡La moda! Y luego se fue. Fugazmente. Visto y no visto.

Así pues, debemos preguntarnos si ese producto o servicio será sostenible en el tiempo. Si no lo es, será una amenaza que restará puntos a esa idea. Especialmente si vamos a tener que invertir dinero en su producción o lanzamiento al mercado. ¡Ojo! Otra cosa sería que estuviéramos en el momento adecuado en el lugar adecuado. Si por casualidad resulta que tenemos un stock de producto en el almacén cuando se pone de moda, sería de tontos no aprovechar la ocasión. Pero de ahí a empezar de cero, comprando o fabricando, hay un océano.

Mercado

Llegamos al que es, quizá, uno de los puntos más importantes de este capítulo: el mercado.

De nada sirve una buena idea, un buen producto, un buen servicio, si no hay nadie interesado que esté dispuesto a pagar por él y que, además, pueda hacerlo.

En muchas ocasiones (la mayoría, de hecho), las ideas de negocio surgen por nuestras propias necesidades. Pero, ojo, porque todos somos muy frikis de nosotros mismos. O sea, que quizá se nos ocurre una fantástica idea que a nosotros nos puede parecer extraordinaria, pero que tiene una cuota de mercado tan pequeña que se reduce a una sola persona: tú.

Entonces… ¿Cómo podemos saber si hay mercado? ¿Cómo podemos saber si alguien puede estar interesado? Bien, hay varias formas de hacer un estudio de mercado. Pero, antes, hablemos de una situación cada vez más frecuente.

Cuando el análisis de mercado es más caro que intentarlo

El análisis de mercado es un mundo apasionante, en efecto. Conozco personalmente a varios doctores en Análisis de Mercado y es un tema fascinante, no digo que no. Me podría pasar horas hablando con ellos.

Ciertamente, contar con un buen estudio de mercado sería un punto a favor en la mayoría de las ocasiones.

Pero antes es necesario valorar nuestro caso y nuestro contexto. Un estudio de mercado de los buenos puede suponer una inversión de varios miles de euros. Y las conclusiones a las que se llegan no tienen por qué ser ciertas.

De hecho, hay casos muy curiosos en los que el estudio de mercado decía todo lo contrario. Por ejemplo, el caso de Walkman. Cuando SONY hizo el estudio de mercado, la conclusión fue que nadie estaría interesado en él. Que la gente no quería ni tenía interés en ir escuchando música por la calle. Aun así, en 1979 se apostó por lanzarlo, y contra todo pronóstico se vendió como los churros.

O el caso del Volkswagen Polo, que se lanzó pensando en cubrir un segmento de gente mayor (jubilados, pensionistas) para moverse por la ciudad, ir a hacer las compras, etc. Y resulta que lo compraban los jóvenes de un nivel adquisitivo medio/alto.

Fijémonos en que, en ambas ocasiones, estamos hablando de

compañías importantes de la envergadura de SONY o Volkswagen. Y aun así, los estudios de mercado fallaron.

La mayoría de los emprendedores con los que trabajo son autónomos o microempresas. Y eso no es una excepción. España es un país de pymes. Todos lo sabemos. Sí, es cierto: hay raras excepciones. Pero predominan las de pequeño tamaño. Más de la mitad son personas físicas (52,5%), y del porcentaje restante, las que más abundan son las empresas con entre uno y nueve ocupados (microempresas). Y no lo digo yo, lo dice el Instituto Nacional de Estadística.

¿Adónde quiero llegar con esto? Simplemente, a que la mayoría de los lectores de este libro no tienen varios cientos de miles de euros en una cuenta corriente para invertir en negocios (y afortunado de ti si ese fuera tu caso). Con suerte, tienen unos pocos ahorros o un finiquito de 10 000 € o 15 000 € que han cobrado después de un despido.

En esos casos, hay que descartar un estudio de mercado «de los buenos» porque, sencillamente, no se lo pueden pagar. Se quedarían sin capital solo para obtener un «sí» o un «no».

En estas situaciones, la mejor opción es hacer nosotros mismos un análisis de mercado más limitado, con recursos propios. Y si los datos dan luz verde, adelante con ello.

Así pues, veamos cómo hacer un «análisis de mercado *low cost*».

Análisis de mercado *(low cost)*

¿Cómo podemos hacer un análisis de mercado sin recursos? Bien, tenemos todo tipo de técnicas y métodos para hacerlo, algunos más tradicionales y artesanales, pero también otros más modernos.

Afortunadamente, hoy en día tenemos completas y potentes herramientas online, muchas de ellas gratuitas, que nos pueden dar una idea rápida de cómo está el panorama.

Vamos a hacer un recorrido por todas estas formas de llevar a cabo nuestro análisis de mercado *low cost*, desde lo más básico hasta lo más moderno, desde lo más clásico hasta lo más novedoso. ¡Empecemos!

Preguntar a todo el mundo (todo)

Cuando digo «a todo el mundo», me refiero a todo el mundo. A vuestra familia, a vuestros padres, a los colegas del sector (y de fuera de él), al vecino, al desconocido, a los contactos de LinkedIn, al cajero del banco y a la cajera del súper. E incluso al taxista).

¿Por qué digo esto? Porque en este país tenemos la mala costumbre de no compartir esas ideas con nadie... ¡Por si nos las roban! ¿Por si nos las roban? ¿En serio? Pues sí. Tenemos un miedo desconcertante a que nos «roben» las ideas.

Actualmente, en este mundo hay más de siete mil millones de personas. Dejadme que lo escriba en números: 7 000 000 000 de personas (por cierto, en cien años todas estarán muertas). Y eso sin contar a los que ya no están vivos, porque entonces el número sería aún mayor... ¿De verdad creéis que sois la única mente pensante en todo el planeta a quien se le ha ocurrido esa idea? ¿De verdad creéis que sois los únicos genios absolutos? Permitidme que responda: no. No lo sois.

Atención: esa fantástica idea que habéis tenido, ya la han tenido cientos, si no miles, de personas antes que vosotros. Pero ¿sabéis qué? Nadie ha movido ficha. Porque son ideas «de carajillo en el bar». ¿A qué me refiero? La gente las piensa, la gente las dice, la gente las comenta... Pero nadie se lanza. NADIE.

Cuando alguien se hace rico con una idea, cuántas veces habéis oído a alguien decir: «Eso ya lo había pensado yo hace años». Ah, ¿sí? ¿Y por qué no lo hiciste? ¿Por qué no creaste la empresa y lanzaste ese producto? ¡Ahora serías millonario! Ya os lo digo yo:

- Porque la gente NO mueve ficha.
- Porque la gente NO arriesga.
- Porque la gente NO hace nada.

Del dicho al hecho hay un buen trecho, señores. Y eso es lo que distingue al emprendedor del resto de la humanidad. ¡QUE ENTRA EN ACCIÓN! ¡QUE EMPRENDE ACCIONES! En este mundo hay gente que HABLA y hay gente que HACE. El emprendedor forma parte de ese segundo grupo.

En la gran mayoría de los casos, cuando hablo con clientes que necesitan asesoramiento para lanzar un nuevo producto o servicio me dicen lo mismo: «Joan, sobre todo no se lo cuentes a nadie», o «no lo digas en tu programa», o «esto es secreto». Incluso en una bizarra ocasión, ni siquiera me quisieron contar de qué iba una aplicación de móviles que querían sacar al mercado. ¡A mí! ¡Que se supone que iba a ayudarlos! Imaginad adónde llega la teoría de la conspiración. Surrealista.

Pensad en las campañas de *crowdfunding*, en las que se cuenta TODO sobre el proyecto a miles de personas. Todos los detalles. La idea, el coste del proyecto, el concepto e incluso en ocasiones muestran bocetos, maquetas o prototipos. Nadie lo copia.

O pensad en los foros de inversores, en los que se cuenta el modelo de negocio y se dan cifras reales de facturación a un grupo de gente con poder económico, que podría hacer un «copia-pega» de tu negocio en 24 horas. Pero no lo hacen. Porque lo que te hace distinto a ti, eres tú mismo.

Así pues, recordad: contad vuestra idea de negocio a todo el mundo. Y que sean perfiles muy dispares. No os limitéis solo a los que piensan como vosotros, porque eso no tiene ningún valor. Sería una muestra poco significativa y sesgada. No todo el mundo es como vosotros, o sea, que no penséis que vuestros clientes sí lo serán.

Y tomad nota de lo que os dicen. Especialmente de los más negativos. Y no hablo de los que se limitan a decir que «no funcionará porque no» (a esos ignoradlos), sino a aquellos «abogados del diablo» que meten el dedo en la llaga, buscando ese punto débil que sabéis, ese talón de Aquiles. Esos son los buenos.

En mi caso, mi padre es uno de ellos. Siempre tiene un comentario que duele: «No creo que haya suficiente demanda para un servicio tan específico» o «ese sector no creo que tenga suficiente poder adquisitivo para pagar ese producto». Si algún día mi padre me dijera: «Ah, pues lo veo muy bien», pondría ahí toda mi fortuna porque, sin ningún tipo de duda, eso triunfaría.

A cuantas más personas se lo contéis, más significativa será vuestra muestra. Más información recogeréis. Más debilidades podréis detectar y más oportunidades también.

El *feedback* es bueno. Es clave. Es oro puro. Buscadlo y aprovechadlo.

Analizar la competencia (toda)

Siempre hay competencia. Siempre. Estoy cansado de oír eso de: «Nuestro producto/servicio no tiene competencia». Lo oigo en foros de inversores, en *pitches* de *startups*, en reuniones con clientes, hablando con amigos, en comidas familiares... ¡Nunca hay competencia! Pero, ojo porque, en realidad, ¡siempre hay competencia!

Lo que pasa es que en ocasiones no se presenta como la competencia «clásica» que todos tenemos en mente como, por ejemplo, cuando a una panadería le abren otra panadería en la calle de enfrente. Sí, es cierto, eso es competencia. Pero hay muchos tipos más.

Pongamos el ejemplo de una «tienda de socorro». Ya sabéis, de las que tienen un poco de todo, que suelen estar abiertas los domingos y festivos. Aunque no haya otra tienda en todo el barrio, tiene competencia. ¿Quién? Pues quizá pueda ser una gasolinera (que cada vez tienen más de tienda y menos de carburante). O incluso puede ser un vecino amable que te deja un puñado de sal o una botella de aceite cuando se te ha acabado. ¿Quién les hubiera dicho que eso era competencia? Pues lo es. Y muy poderosa.

El otro día, hablando con un cliente mío que tiene centros deportivos en Madrid, me dijo: «¿Sabes quién es la competencia de la actividad extraescolar de fútbol? No es el baloncesto, ni la natación. El principal competidor es la catequesis». ¿Por qué? Porque se hace en el mismo horario, justo al salir de clase, como las extraescolares. ¡Y son tres años! ¿Quién hubiera dicho que la catequesis era competencia del fútbol? Pues lo es.

Así pues, cuando pensemos en la competencia, pensemos en «cualquier cosa que pueda cubrir esa necesidad».

Y un último apunte sobre la competencia. Si analizáis el mercado y encontráis competidores directos, NO ES MALO. Repito: Si ya hay competidores que hacen lo que tenéis pensado hacer... NO. ES. MALO. De hecho, es algo bueno. Porque si hay empresas que se dedican a eso, quiere decir que ¡HAY MERCADO! De lo contrario, no existirían ni serían sostenibles.

Evidentemente, otro tema sería detectar que el mercado está saturado. En tal caso, debemos replantear si vale la pena meternos en un mercado con un exceso de oferta. Pero si no es el caso, ¡adelante! Nuestro objetivo será hacerlo mejor que ellos.

Pensad en Google. Cuando apareció, ya había otros buscadores en internet. Lo mismo ocurrió con Facebook. Ya había otras redes sociales. Incluso Microsoft. Ya había otros sistemas operativos. Pero llegaron ellos y lo hicieron mejor.

Por tanto, no esperéis un mercado virgen en el que entrar y ser los únicos. Porque incluso en el remoto caso inexplicable de que eso existiera, no tardarían ni 24 horas en aparecer competidores de debajo de las piedras.

Llegar el primero no te da exclusividad. Solo una oportunidad.

Instituto Nacional de Estadística

Una vez más, hablemos de esta fantástica herramienta disponible para todo el mundo. En este caso, no solo nos servirá para detectar ideas de negocio, sino también para hacernos una idea del mercado potencial que tenemos delante.

¿Cuántas familias numerosas? ¿Cuántas personas con mascotas? ¿Cuántos turistas residentes en España? La coyuntura turística hotelera, la inserción laboral por sectores y estudios realizados, etc. Echad un vistazo vosotros mismos. Incluso hay un buscador para filtrar por palabra clave en función de lo que queráis saber.

El INE nos permite saber a qué mercado potencial nos estamos dirigiendo. ¿Son 5 000 personas, 50 000 o 500 000? Esos datos son clave para saber qué cuota de mercado podemos llegar a tener.

Google Trends

Otra herramienta gratuita que nos irá como anillo al dedo es Google Trends. Con ella podremos ver rápidamente las tendencias de búsqueda de productos y servicios.

De hecho, no solo nos indica las tendencias para las palabras que busquemos, sino que además podemos establecer comparativas con otros productos o servicios, para hacernos una idea de la diferencia entre sectores.

También podemos ver los resultados por filtros geográficos (países y ciudades), por categorías y hasta previsiones.

Podemos comparar cualquier búsqueda con otra o incluso con varias, y tendremos gráficos y datos exhaustivos: interés regional, por países, ciudades, por años, categorías, búsquedas relacionadas o cuestiones tan específicas como el origen de la búsqueda en función del dispositivo.

¿Quieres saber la tendencia de búsqueda en España de cierto producto o servicio? Lo tienes. ¿Previsiones? Las tienes. ¿Qué otras cosas buscan esas mismas personas? Lo tienes. Las posibilidades son ilimitadas. En este episodio de mi podcast hablo más de esta herramienta.

Y otro punto clave: No solo podéis usar esta herramienta para ver el mercado de un producto o servicio potencial. También podéis hacerlo con vuestro propio negocio, si ya tenéis uno en marcha. Echad un vistazo al panorama pasado y futuro, y analizad la tendencia.

¿Está a la alta? ¿A la baja? ¿Tiene buenas perspectivas de futuro? Establece tu estrategia en función de eso: quizá podrías diversificar, pivotar, acelerar, crecer... Todo empresario debería revisar periódicamente esta herramienta para saber qué pinta tiene su porvenir.

Evidentemente, no nos va a dar cifras exactas de nuestro mercado potencial, pero sí que podemos ver rápidamente si se trata de un mercado en expansión o en declive. Y eso es clave.

AdWords Keyword Planner

Otro servicio de Google (sí, también gratuito) es AdWords Keyword Planner. Esta herramienta está pensada para calcular el alcance de las palabras clave que vas a usar en las campañas de AdWords, pero también la podemos usar simplemente para analizar el mercado.

Introduciendo palabras clave podremos ver la cantidad de búsquedas mensuales, tanto globales (en todo el mundo) como locales (en nuestro país), e incluso nos informa del nivel de competición, para saber si se trata de un mercado virgen, competitivo o saturado:

Es importante darse cuenta de que, tanto esta herramienta como la anterior, nos dan datos de gente que está buscando activamente esa información. ¡Este punto es clave!

Observemos que son clientes potenciales que YA están interesados en ese producto y por eso lo buscan en Google. Porque tienen interés. O sea, que en el ciclo de compra ya están un paso por delante respecto a aquellos que no están buscando.

Eso quiere decir que los datos de Trends y de AdWords Planner son a la baja. Es decir, siempre hay gente que no aparece reflejada en esos estudios porque no han buscado activamente ese producto, pero que pueden ser potenciales compradores porque tienen esa necesidad por cubrir. ¿Se entiende la idea? Son datos de mínimos. No totales, sino mínimos.

Así pues, si con esos datos obtenemos un resultado favorable, lo más seguro es que aún lo sea más cuando lancemos el producto, ya que nos dirigiremos a un público mayor.

Bien; hasta aquí hemos expuesto varios modos de calcular de forma aproximada el mercado de un producto basándonos en herramientas de búsqueda. Podéis ampliar más sobre este punto escuchando mi podcast número 312: «Google AdWords KeyWord Planner».

Ahora veremos otra aproximación igual de interesante, pero en lugar de analizar el mercado por volumen de búsqueda, lo haremos por segmentación. Entran en juego las redes sociales.

Audiencias de Facebook

Facebook tiene su propia red de anuncios. En ellos, los anunciantes pueden mostrar sus productos y servicios a los usuarios de esta red social. Pero ¿basándose en qué? A diferencia de Google, aquí nadie «busca» nada. Entonces, ¿cómo decide Facebook qué anuncios mostrar a quién?

La respuesta está en la segmentación. Cierto es que las redes sociales no tienen los datos de búsqueda de Google, pero sí que tienen algo muy interesante. Los datos de sus usuarios. Y esos datos son, precisamente, los que hacen posible mostrar los anuncios solo a ese subgrupo de gente que nos interesa.

¿Queremos saber cuánta gente en Barcelona y alrededores está interesada en el bulldog francés? ¡Ningún problema!

Como podéis ver, la «brújula» que aparece a la derecha nos indica a tiempo real cuántos usuarios cumplen ese criterio.

Por ejemplo, si buscamos personas en España de más de 18 años, nos indica que hay unos veinte millones. Pero ahora podemos restringirlo solo a hombres. El resultado se reduce a la mitad. Y seguimos restringiendo. Solo hombres que tengan un iPhone. Incluso podemos detallar el modelo. Por ejemplo, un iPhone 6.

Definición del público	Definición del público	Definición del público

Tu selección es bastante amplia	Tu selección es bastante amplia	Tu selección es definida

Detalles del público	Detalles del público	Detalles del público
·**Lugar, viviendo en:** España ·**Edad:** 18-65+ ·**Ubicaciones:** En sección de noticias y columna derecha de ordenadores, sección de noticias para móviles y aplicaciones de terceros.	·**Lugar, viviendo en:** España ·**Edad:** 18-65+ ·**Sexo:** Masculino ·**Ubicaciones:** En sección de noticias y columna derecha de ordenadores, sección de noticias para móviles y aplicaciones de terceros.	·**Lugar, viviendo en:** España ·**Edad:** 18-65+ ·**Sexo:** Masculino ·**Dispositivo:** Iphone 6 ·**Ubicaciones:** En sección de noticias y columna derecha de ordenadores, sección de noticias para móviles y aplicaciones de terceros.
Alcance potencial 20.000.000 de personas.	Alcance potencial 9.800.000 personas.	Alcance potencial 48.000 personas.

Perfecto, ya tenemos una aproximación de los hombres de esa franja de edad en España con ese modelo de teléfono. Pero también podríamos filtrar por muchos más criterios:

- Zona geográfica: País, ciudad, código postal.
- Edad y sexo.
- Estado civil: Cuál es y lo reciente que es.
- Familia: Sin hijos o con ellos y de qué edades.
- Idiomas.
- Intereses: Hobbies y actividades.
- Trabajo: Lugar de trabajo, puesto, sector o incluso empresa.
- Estudios: Qué estudió, cuándo y en qué centro.
- Eventos: Cumpleaños cercano, mudanza reciente, separación, boda, hijos…

Y esto solo es un listado parcial de todo lo que podemos llegar a saber. Cada día se añaden más y más opciones para segmentar.

Como podéis observar, es otro concepto distinto. Nada que ver con los métodos de búsqueda. Aquí tenemos puros datos demográficos y sociales, y podemos segmentar hasta niveles insospechados. Una aproximación complementaria y muy interesante.

Y vamos ahora con un método de estudio de mercado muy original. Tan original que no solo te da una respuesta acerca del interés del proyecto, sino que también te da algo más: el dinero para llevarlo a cabo.

Campaña de *crowdfunding*

¿Cómo? ¿Una campaña de *crowdfunding*? ¿Eso no es para recaudar dinero con el que lanzar un proyecto? Sí, correcto. Pero también es una herramienta de estudio de mercado. Y como digo, en este caso no solo es gratuita, sino que además puede financiarte.

Debemos ver una campaña de *crowdfunding* como un estudio de mercado en el que no solo se pregunta «¿estaría usted interesado en un producto como este?», sino que además se le da al cliente la opción de comprarlo a través de recompensas.

Al fin y al cabo, las estadísticas que podemos obtener de una población a través de un estudio de mercado no son palabra de Dios. Ya hemos mencionado algunos casos, como el Walkman de SONY o el Polo de Volkswagen, en los que el resultado del estudio era completamente erróneo, muy alejado de la realidad.

En cambio, en una campaña de *crowdfunding* no hay error, ya que los que participan no solo muestran estar interesados en ese producto/servicio, sino que además pagan por él. Incluso pagan antes de que este esté disponible en el mercado, para contribuir a su creación.

O sea, que no solo tenemos el «SÍ», sino que además tenemos la compra. O mejor dicho, la precompra.

Muchos podéis estar pensando que no tener éxito en una campaña de *crowdfunding* es un fracaso. Una vez más la dichosa palabrita. ¡Para nada!

Vamos a poner un ejemplo. Imaginemos que tenemos los medios y recursos suficientes para hacer un estudio de mercado sobre un nuevo producto. Ese estudio de mercado nos cuesta 5000 € y el resultado es negativo. O sea, las conclusiones dicen que ese producto no se venderá. ¿Acaso es eso un fracaso? Al contrario, es un éxito. Gracias a ese estudio, evitamos tomar la decisión de lanzar al mercado un producto en el que quizá habríamos invertido cientos de miles de euros en producción y publicidad.

Las campañas de *crowdfunding* son lo mismo. Un estudio de mercado «asegurado» y no solo gratuito, sino que además te puede financiar. Y lo más importante no es que hayamos recaudado el objetivo económico, sino que además hemos validado la idea de negocio. ¿Cómo? Sabiendo que hay mercado suficiente.

Imaginemos que, en lugar de ese estudio de mercado de 5000 €, lanzamos una campaña de *crowdfunding* que conseguimos sacar adelante. No solo nos hemos ahorrado ese dinero y nos hemos financiado, sino que además sabemos que el mercado está interesado.

Esto es precisamente lo que hice al lanzar la *Guía del emprendedor*, una herramienta que te indica paso a paso cómo montar tu negocio, desde la idea hasta el lanzamiento.

En lugar de crear todo el contenido, escribir todos los textos, hacer maquetar todos los ejercicios y esquemas y producir mil o dos mil unidades, lancé la idea en Verkami.

¿Cuál fue el resultado? Pues que conseguimos la financiación y validación de la idea en 40 minutos.

Efectivamente. En menos de una hora ya teníamos cientos de mecenas, que no solo habían aportado el dinero suficiente como para producir las primeras mil unidades, sino que también (y más importante aún) validaron esa idea de producto.

En menos de 24 horas se consiguió un 300%, y durante las semanas siguientes superamos todos los objetivos ampliados que nos marcamos. Podéis ver la campaña en <boluda.com/guia> para ver todos los detalles.

Si toda esa gente está dispuesta a precomprar y pagar por un producto inexistente, ¡imaginad cuando salga al mercado!

Pero ahora, supongamos que NO lo conseguimos porque no hay interés en el producto. ¿Qué ganamos con todo eso? Saber que no hay mercado ni interés para ello. ¿Qué perdemos? ¡Nada! Porque no hemos tenido que pagar ni un euro y nos ahorramos esa inversión que hubiera acabado en nada.

Por ejemplo, es interesante el caso de The Coolest Cooler, una nevera portátil para ir de camping que creó Ryan Grepper. En invierno de 2013 lanzó la campaña de «The Coolest» en Kickstarter con un objetivo de 125 000 €. Y no lo consiguió.

¿Creéis que Ryan se sintió un fracasado? ¿Que lo dejó? ¿Que la lechera no volvió a por más leche? ¡En absoluto! Porque aunque no llegó al objetivo, descubrió que había gente interesada. 279 mecenas aportaron dinero a su proyecto, que recaudó más de 100 000 dólares.

Así pues, se puso manos a la obra y con la experiencia del primer intento, lanzó «The Coolest Cooler». Una versión corregida y aumentada de su invento, con un objetivo de 50 000 € para asegurar el tiro. ¿Y sabéis qué pasó? Que recaudó 13 285 226 €. ¡Más de trece millones de dólares! A ver quién le llama «fracasado» ahora.

Tamaño mínimo de mercado

Pues bien, con estos métodos ya podréis saber si hay mercado. O sea, si hay alguien al otro lado. Y ahora viene la gran pregunta: ¿Qué tamaño mínimo debe tener el mercado para lanzarnos? ¿Necesitamos mercados de millones de personas? ¿De cientos? ¿De miles? ¿De cientos de miles? ¿Cómo de grande debe ser ese mercado para asegurarme de que puedo vivir de él? Y la gran respuesta es: depende.

Dependerá de muchos factores. ¿Es un mercado saturado por la oferta? En tal caso necesitaremos un mercado mayor, para repartir el pastel entre todos. ¿Es un producto de margen o de rotación? Es decir, ¿cuántas unidades es necesario vender para cubrir gastos? ¿Cuál es nuestro umbral de la rentabilidad? No es lo mismo tener que vender cien al mes, que cien mil. Si el mercado es más pequeño, debemos asegurarnos de que el producto sea de más margen. Si el mercado es muy grande, podemos trabajar más por rotación.

Un dato que nos va muy bien para calcular esto es el 1% de promedio de conversión que tiene un *e-commerce*. Debemos calcular que una de cada cien visitas comprará el producto. Así podremos calcular si habrá suficiente clientela como para hacer el negocio sostenible.

Si, por ejemplo, Facebook Ads nos dice que tenemos 1 000 000 de clientes potenciales, quiere decir que podríamos crear una campaña de anuncios que nos aportara 1000 visitas diarias durante 3 años, sin repetir.

Si a esas 1000 visitas diarias les aplicamos un 1% de conversión, tendríamos 10 compras diarias. Calculemos el margen que nos deja cada una de ellas y veamos si con esos niveles de ventas el negocio es sostenible.

Evidentemente, esto es solo una aproximación, no son datos exactos. Pero es más que suficiente para saber si nos vamos a dirigir a millones de personas o a docenas de ellas. Es esencial saber esto antes de lanzarnos a montar algo.

Aquí el mensaje es: Haz una aproximación del tamaño del mercado. Si hay un mínimo crítico como para vivir de ello… ¡Empieza!

II

Empezando a rodar: Prepárate

Dar el paso. Quemar las naves

Como ya os advertí al principio, a lo largo del libro iré mezclando temas más estratégicos y técnicos con otros más psicológicos y sociales. Y es que ser emprendedor no es solo aplicar la teoría de gestión de empresas, ni mucho menos. Los emprendedores también tenemos que ser «medio psicólogos» para no acabar locos.

Hablemos ahora de un momento clave: dar el paso.

Algo tan fácil y tan simple como decidir que se va a emprender, no es tan fácil ni tan simple. Al contrario. Ese primer paso es el más difícil del camino, sin ningún tipo de duda.

Y es que a veces no es un paso, sino más bien un salto. Un salto al vacío, con sus riesgos asociados. Es como independizarse. ¿Sabéis cuál es el principal temor al independizarse? ¿El motivo por el cual los jóvenes no se van de casa antes? El miedo a tener que volver. Ese «fracaso» del que siempre hablamos. Mientras que marcharse de casa de los padres se ve como algo atrevido, valiente y que indica madurez, el hecho de regresar está visto como un fracaso. Cuando en realidad, como ya he dicho, el peor fracaso es no intentarlo.

¿Cómo dar ese paso? Quemando las naves.

Esta frase tiene origen en el siglo III a.C. cuando Alejandro Magno (entonces rey de Macedonia) dio vida a esta expresión a partir de una maniobra militar.

Al llegar a la costa fenicia con sus barcos, Alejandro Magno se dio cuenta de que sus enemigos le triplicaban en número y de que sus soldados estaban desmotivados y derrotados, incluso antes de pisar el campo de batalla.

Así pues, Alejandro desembarcó y lo primero que hizo fue mandar quemar todos los barcos, o sea, las naves. Mientras su flota ardía, reunió a sus hombres y les dijo:

> ¡Observad cómo se queman los barcos! Esa es la única razón por la que debemos vencer, ya que si no ganamos, no podremos volver a nuestros hogares y ninguno de nosotros podrá reunirse con su familia nuevamente, ni podrá abandonar esta tierra que hoy despreciamos.
>
> Debemos salir victoriosos de esta batalla, ya que solo hay un camino de vuelta y es por el mar.
>
> Caballeros, cuando regresemos a casa lo haremos de la única forma posible. ¡En los barcos de nuestros enemigos!

Fijémonos en lo que hizo Alejandro. Quemó las naves. Eso quiere decir que ya no había marcha atrás. Si querían ver a sus familias de nuevo, tenían que ganar a sus enemigos sí o sí para hacerse con sus barcos. Los motivó «a la fuerza».

Esos barcos eran ni más ni menos que la «zona de confort» de su ejército. Siempre podían optar por la retirada y eso les podía hacer perder el combate.

La zona de confort es aquella en la que estamos cómodos y relativamente seguros: la casa de los padres, nuestras naves o ese empleo que no nos hace felices, pero que lleva un sueldo a casa a final de mes.

Otra interesante historia más que conocida es «El cuento de la vaca», que os transcribo aquí:

> Un maestro zen y su discípulo estaban peregrinando por campos y bosques cuando encontraron una cabaña muy pobre. En ella vivía una familia conformada por un hombre, su mujer y cuatro hijos.

Les pidieron alojamiento y alimento, y los campesinos los acogieron sin pensarlo. A pesar de su pobreza, compartirían lo poco que tenían.

Durante la cena, el maestro preguntó de qué vivían. El hombre le explicó que tenían una vaca, de la cual sacaban la leche diaria y un poco más que cambiaba a otros campesinos por algunos alimentos. Con lo que sobraba hacían queso. Eso les permitía ir sobreviviendo a duras penas.

La siguiente mañana los viajeros se levantaron antes que nadie y prosiguieron su camino. Entonces el discípulo le dijo al maestro:

—Maestro, qué buena gente. Compartieron con nosotros lo poco que tenían. Y qué pobres son. ¡Cómo me gustaría ayudarlos! ¿No podemos hacer nada por ellos?

El maestro, sin pensarlo, le dijo:

—¿Quieres ayudarlos? Ve y tira la vaca por el barranco.

—Pero, maestro, ¡es su única fuente de alimento! —replicó el discípulo.

—¡No discutas y haz lo que te digo!

Y el discípulo así lo hizo, tirando la vaca por el barranco y matándola, muy a su pesar, pero confiando en la sabiduría de su maestro.

Un año más tarde, el discípulo volvió a pasar solo por la región y, lleno de remordimiento y curiosidad, se acercó a la casa.

Al llegar, la vio mucho más arreglada e incluso vio mucho terreno sembrado que no lo estaba en la visita anterior. Pensó que quizá la familia habría muerto de pobre y otra con más posibilidades se habría instalado en su lugar.

Pero no era así. Al verlo llegar, el campesino se acercó y le dijo:

—Bienvenido, ¡cuánto me alegro de verle! ¡Ustedes nos trajeron suerte! El día que se fueron, se nos cayó la vaca por el barranco.

—Vaya, lo siento mucho —dijo el alumno.

—¡Al contrario! —replicó el campesino—. Al principio nos desesperamos pensando que íbamos a morir de hambre, y lo primero que hice fue vender la carne. Con lo poco que nos dieron, compré unas semillas y me puse a sembrar para tener algo que comer los siguientes meses, pero la cosecha fue buena y pudimos vender algo en el mercado, así que compré un par de ovejas. A raíz de eso, mi esposa comenzó a tejer algunas prendas de lana que vende en el mercado y le va muy bien, y mi hijo mayor aprendió a trabajar la madera del bosque y hace muebles para toda la comarca. También hemos podido comprar la casa, que no era nuestra, y estamos pensando en comprar más terrenos para sembrar.

¿Cuál es la moraleja de esta historia? Primero, que no te fíes ni un pelo de los maestros zen, que son muy peligrosos. Pero, aparte de eso, nos encontramos exactamente en la misma situación que con Alejandro Magno. Todos tenemos una vaca o unas naves a las que acudir. Todos tenemos un trabajo que no nos gusta pero que nos da de comer, todos tenemos una zona de confort en la que podemos «sobrevivir».

Pero esa zona de confort, esas naves, esa vaca, nos están limitando. Están haciendo que no podamos ir a mejor. Están haciendo que no podamos emprender. Todos tenemos una vaca.

En muchísimas ocasiones hablo con personas que no se atreven a emprender por el riesgo de dejar su trabajo actual. Dejan pasar sus sueños y la oportunidad de hacer lo que les gusta para seguir atados a esa vaca, a ese trabajo que les hace sentir «seguros». Y no se dan cuenta de todo el potencial desaprovechado que tienen. Lo digo de nuevo: Somos más capaces de lo que creemos.

Así pues, ¿cómo quemamos las naves?

Dejar el trabajo

Lo primero es lo primero. Si tenemos un trabajo, hay que dejarlo.

«Pero, Joan, qué dices, estás loco, ¿cómo vamos a dejar el trabajo? Eso es un riesgo enorme, tenemos responsabilidades, hijos, hipoteca…»

Sí, ya lo sé. Pero también vais a morir en menos de cien años. ¿De verdad queréis estar atados a esa vaca durante toda vuestra vida? ¿O de verdad queréis emprender? Pues quien algo quiere, algo le cuesta.

Además, el hambre es lista. Si no tenemos hambre, seguiremos haciendo lo mismo. En el momento en que le vemos las orejas al lobo, agudizamos nuestro ingenio y esfuerzos. ¿Cuántas veces hemos oído historias de emprendedores que empezaron su propio negocio porque no encontraban trabajo? ¿Cuántas veces hemos leído sobre empresarios que no tenían dónde caerse muertos y ahora están en lo más alto? ¿Hermanos mayores que han tenido que hacer de padre de familia porque este no estaba? ¿Qué tienen en común todos esos casos? Que todos ellos tuvieron que espabilarse.

En Estados Unidos existe lo que se llama el «Baby Effect». Se dieron cuenta de que entrevistando a emprendedores de éxito, cuando les preguntaban «¿cuándo decidiste dar el paso?», muchos respondían «cuando supe que iba a tener un hijo».

El «efecto bebé» se produce cuando te das cuenta de que ya no eres solo tú, sino que además hay una personita a la que quieres cuidar, educar y dar lo mejor. Eso es lo que hace que cambies tu mentalidad de «quizá podría hacer esto» a «voy a hacerlo».

¡Yo mismo me incluyo en ese grupo de emprendedores! Cuando tuve a mi primer hijo y empecé a hacer números, comprendí que tenía que dejar mi trabajo para comenzar a ganar dinero.

Pero ¡ojo! No estoy diciendo que vayáis a presentar la dimisión ya mismo. Primero tenéis que hacer cuentas. Ya hemos hablado de ello. ¿Tenéis el capital mínimo para llevar adelante el proyecto? ¿Lo podéis pedir? Más adelante hablaremos de posibles vías de financiación y de lo que se debe ahorrar primero. En todo caso, antes de presentar la dimisión a lo loco, hagamos los deberes.

Es cierto que si hay una buena relación con el gerente de la empresa se puede pactar un despido para tener derecho al paro. Pero como ya hemos dicho, si es una baja voluntaria renuncias a la prestación por desempleo. Así pues, en ocasiones, puede ser interesante llegar a un pacto con la Dirección.

En caso contrario, debes conseguir esa financiación o bien establecer un plan de ahorro a corto plazo. Elimina todo lo superfluo. Date de baja del canal digital, vende todos los trastos que tienes por casa a través de internet, trabaja horas extras, busca otro trabajo. Entra en modo «mantenimiento mínimo» hasta que tengas un ahorro equivalente a seis meses de ingresos. Y cuando llegues ahí... Quema las naves.

La familia

Otro punto que no podemos pasar por alto es la familia. Tanto si dependes de alguien como si alguien depende de ti, es algo que debes hablar con ellos y comunicarlo debidamente.

La primera situación es que dependas de alguien. Eso les suele ocurrir a jóvenes que acaban la carrera y, en lugar de empezar a hacer prácticas como becarios o entrevistas de trabajo, les muerde el gusanillo del emprendedor y quieren montar su propio negocio.

Que los padres te hayan pagado los estudios no quiere decir que tengan que seguir manteniéndote toda la vida mientras tú vas «probando» negocios. Eso sería injusto. Y además no deja de ser otra vaca. Sabiendo que tienes una zona de confort en la que nunca te faltará techo ni comida y que no vas a pasar hambre, no vas a dedicarte a ello de la misma forma que si tuvieras que pagarte el alquiler y la compra.

Así pues, tienes que pactar con ellos. Cuéntales tus ambiciones, tu proyecto, tu idea de negocio, tus sueños. Pero, ojo, también tu modelo de negocio, tu modelo de ingresos, tu pequeño estudio de mercado. Que se vea que has hecho los deberes y que es una decisión responsable. Ser emprendedor no es ser un soñador. El soñador está en las nubes. El emprendedor fabrica un avión para llegar a ellas.

Otro punto clave es establecer fechas. Debes autoexigirte plazos y entregas. Debes HACER las cosas. Sin fechas ni límites, todo queda ambiguo, diluido, se empieza a aplazar y a procrastinar y, al final, NO SE HACE NADA. Lo sé, lo he visto en múltiples ocasiones. Tres meses. Seis meses. Un año. Da igual, pero márcate un calendario. Y si en ese tiempo no lo has logrado, vete de casa. Porque lo último que les hace falta a tus padres es un parásito soñador que se ha acomodado. Y eso es lo que serás si no has lanzado tu negocio en un año. Seguro que si no tuvieras esas necesidades cubiertas, otro gallo cantaría y el proyecto estaría mucho más maduro.

¡Imponte disciplina! Durante ese tiempo, limítate. Nada de gastos superfluos, nada de tiempo ocioso. ¡Estás trabajando! En tu proyecto, sí. Pero es trabajo. Y tómatelo en serio. No digo que no puedas desconectar un domingo para ir a tomar unas cervezas con los amigos. Pero no vale adoptar una actitud de «bueno, hoy dedicaré un rato al proyecto aquel y luego voy a ver la primera temporada entera de esa serie tan buena que me he bajado de internet». Eso no lo harías si el recibo del alquiler llegara a tu cuenta en lugar de a la de tus padres.

Otra situación completamente distinta es que tu familia dependa de ti. Si estás casado o viviendo en pareja, es otra historia. Pero sobre todo si tienes hijos, ahora ya eres el padre (o madre) de familia. Eres el que «debería» traer el dinero a casa. ¿Cómo se justifica dejar un trabajo para perseguir un sueño?

Se justifica con una estrategia. Con un plan de acción. Con una hoja de cálculo con números realistas. Se justifica con el deseo de una mejor calidad de vida para todos. Con unos ingresos que permitan hacer frente a todos los gastos presentes y futuros. Pensemos que si un bebé es «caro», cuando crezca aún lo será más. Y ya no digamos lo que cuesta un adolescente.

Un hijo cuesta entre 98 000 € y 310 000 € desde que nace hasta que cumple 18 años. Y no lo digo yo. Lo dice la Confederación Española de Amas de Casa, Consumidores y Usuarios (CEACCU). Ese es el coste de mantener un hijo hasta que cumple la mayoría de edad. Lo mismo que comprar un piso.

Según los tramos de edad, el promedio de los costes es aproximadamente:

- 1 año: 7000 € anuales.
- 2-3 años: Entre 7500 y 11 470 € anuales.
- 3-12 años: 4280 € anuales.
- 12-15: Entre 5300 € y 17 600 € anuales.
- 15-18: Entre 6500 € y 21 680 € euros anuales.

No es de extrañar entonces el «efecto bebé» que mencionábamos antes. Si tienes un trabajo en el que cobras el Salario Mínimo Interprofesional (9 172,80 € anuales actualmente) y vas a tener que gastar un promedio de 7000 € en el bebé, más vale que montes tu propio negocio antes que el niño sea adolescente y te cueste 17 600 €, o lo llevas claro.

De hecho, aunque cobraras 22 575,6 € brutos, que es el salario medio en España según el Instituto Nacional de Estadística, vas a tener muy difícil pagar esos 17 000 € que te puede costar un hijo, a no ser que comas aire y bebas lluvia.

Así que incluso a nivel ético podemos justificar dejar un trabajo «seguro» (ya hablaremos de esa aparente «seguridad» que siempre pongo entre comillas) que sabemos que en pocos años no nos dará lo suficiente. Y más aún si queremos tener más de un hijo. Si un adolescente es caro, no quieras saber cómo de caros son dos o tres.

En resumen, no os sintáis mal si queréis emprender. Eso sí, sentaos a hablar con vuestra pareja tal como antes decía que lo hicierais con los padres. Y de igual forma, hablad con ella de las ambiciones, del proyecto, de la idea de negocio y de los números que habéis hecho.

Crear, crecer, monetizar

Quizá (ojalá) a estas alturas del libro os haya convencido para dar el paso hacia el emprendimiento. Si eso fuera así (lo cual me pondría muy contento), ahora mismo muchos tendréis la gran pregunta en mente.

«¿Por dónde empiezo?»

Una vez más, este no es un libro de gestión empresarial. Hay miles de ellos y, algunos, muy buenos. Yo no quiero entrar en todas las teorías y los conceptos de marketing existentes, porque se podría publicar una enciclopedia entera y aún nos dejaríamos cosas.

Pero teniendo en cuenta que os «provoco» para que os animéis a dar el paso, no sería justo que luego no os contara cómo darlo. Así pues, en este episodio veremos los pasos y consejos que considero más apropiados, dejando de lado las bonitas palabras de marketing, las complejas teorías de administración de empresas y la terrible y abrumadora terminología de algunos libros. Hablemos en cristiano y hagámoslo fácil: crear, crecer, monetizar.

Crear

Cuando empezamos, la norma es simple: empieza creando contenido para ti mismo.

La forma más barata (que no más rápida) de empezar, es escribiendo. Cread un blog ya mismo y escribid sobre aquello que os guste. Y sobre todo, que sea para vosotros mismos.

Sí, en efecto. No penséis en Google ni penséis en los lectores. Simplemente escribid algo que os guste y que os interese. Si escribís contenido de calidad, la audiencia llegará. Os lo aseguro. Y cuando lo haga, escuchadla. Escuchad a vuestros lectores. Sus preguntas os guiarán para crear más contenido. Cada vez que alguien os pregunte algo, ya tenéis temática para otro post. No desaprovechéis nunca esas preguntas, son oro puro. Por una parte, porque individualmente os aportarán ideas para posts. Pero por otra, porque vais a poder detectar patrones de dudas, de preguntas y de necesidades. Eso marcará la dirección en la que dirigir el blog.

En relación a la temática, os aconsejo que no seáis generalistas ya que, si lo sois, no encajaréis con nadie. Entiendo que puede parecer que una temática más generalista tendrá una mayor audiencia, pero también es cierto que va a ser mucho más difícil que alguien se sienta identificado.

Así pues, elige un nicho. Especialízate. Así será mucho más probable que te conviertas en la persona (o empresa) de referencia de ese nicho.

Una opción muy aconsejable es mezclar dos temas. Os recomiendo el siguiente ejercicio: escribid en varios papelitos temáticas que os gustan y que conocéis. Meted todos los papelitos en una caja de zapatos, mezclad y sacad dos al azar. Ya veréis como salen combinaciones muy interesantes o incluso un poco raras. ¡Ojo! No las descartéis. Analizad bien esa mezcla, porque quizá es la receta que puede definir vuestro éxito. Por ejemplo, en lugar de empezar un blog de nutrición, de viajes, de mascotas, de emprendimiento o de historia, podemos mezclar temas, obteniendo interesantes tándems como estos:

- Mascotas + Viajes
- Negocios + Viajes
- Meditación + Emprendedores
- Vegetarianos + Deportistas

Aunque pueda parecer que «no pegan», si nos esforzamos encontraremos un nicho. Por ejemplo, personas que están constantemente viajando y que tienen mascotas en casa. O empresarios que siempre viajan. O emprendedores a los que les puede interesar el yoga. O deportistas que quieren llevar una dieta vegetariana. Todos esos nichos son más que interesantes.

Y ahora, imaginad que sois una de las personas que viven en esa intersección. Si descubrís un blog o un podcast de esa temática tan concreta, no solo lo vais a leer o escuchar, sino que además os va a hacer felices. Encontrar un contenido que encaja tanto con tu perfil hace que lo consumas con muchísimo más interés.

Pongamos el caso del deportista vegetariano. Supongamos que puede elegir entre un blog de comida vegetariana, un blog de deporte en general y uno sobre atletas vegetarianos, en el que todo el contenido está enfocado a cómo ser un atleta de alto rendimiento con una dieta vegetariana. ¿Cuál creéis que leerá? ¿Uno de los blogs generalistas en el que solo le servirá el 10% de todo lo que lea? ¿O el nicho, del que podrá aprovechar el 90%?

Así pues, ¡debemos centrarnos en crear! Crear contenido inédito, genuino, interesante para nosotros e interesante para el que lo lea. De esa forma, y solo de esa forma, conseguiremos crecer. Y a eso vamos.

Crecer

Llega el punto crucial. Lo que separa a los que lo van a conseguir de los que no. La frontera que muy poca gente pasa: crecer. Y para crecer solo hay una opción posible: constancia.

La constancia es una de las cosas más difíciles de conseguir en cualquier proyecto. Normalmente la gente simplemente SE RINDE. En el momento en que aparece alguna dificultad en el camino, abandonan.

Cuando alguien se pone a dieta, ¿qué es más probable que falle? La constancia. ¿Qué es lo que suele fallar cuando alguien quiere aprender un nuevo idioma? ¡La constancia! ¿Qué es lo que decae cuando alguien se apunta a un gimnasio? Sí, una vez más: la constancia.

Pero la constancia es lo que nos hará crecer. OS LO ASEGURO. La constancia es lo que nos va a diferenciar del resto. La constancia es lo que nos va a llevar al éxito.

La constancia es trabajo duro, nada más y nada menos. Hay que seguir picando piedra, hay que seguir cultivando el campo. Si a final de temporada hemos sembrado cien veces más que el vecino, las posibilidades de que nuestra cosecha sea mejor serán cien veces superiores.

Y en el marketing de contenidos, funciona igual. Tenemos que sembrar CADA DÍA. Tenemos que dejar huella CADA DÍA. Y eso nos hará crecer CADA DÍA.

Hay muchas formas de conseguir esa constancia, pero la más recomendada pasa por establecer una metodología. Así pues, os aconsejo crear un plan de generación de contenido que podáis seguir periódicamente. Una técnica que suelo utilizar con muchos clientes es el calendario editorial.

Calendario editorial

Esta es una técnica simple y fácil que nos ayudará a ser constantes y a marcar una pauta y un ritmo a seguir.

Lo primero que debemos hacer es seleccionar cinco categorías clave sobre nuestro sector. Imaginemos que somos una zapatería online. Podríamos hablar de categorías del tipo:

- Materiales: de qué están hechos los zapatos, pros, contras, tendencias…
- Moda: qué tipo de zapatos se llevan, qué se ponen los famosos…

- Mantenimiento: cómo conservarlos, con qué productos, cómo guardarlos...
- Salud y bienestar: plantillas, transpiración, ortopédicos...
- Deporte: para correr, para alto rendimiento, para deportes concretos...

Esto es solo un ejemplo. La idea es listar las cinco principales categorías del sector. Tan genéricas como sea posible.

A continuación, escribiremos diez títulos de posts (artículos) para cada una de esas categorías. Por ejemplo:

- Materiales: «Nuevos materiales sintéticos inteligentes»
- Moda: «Los 10 zapatos más usados por los actores de Hollywood»
- Mantenimiento: «Cómo lavar los zapatos sin estropearlos»
- Salud y bienestar: «¿Es recomendable usar plantillas?»
- Deporte: «Las mejores zapatillas para una maratón urbana»

Estos son solo algunos ejemplos. El caso es que nos tienen que salir diez de cada.

Os parecerá una tontería, pero el hecho de categorizar esos artículos hace que sea mucho más fácil llegar a ideas para los mismos. Si tuviéramos que pensar en cincuenta artículos «sobre zapatos» nos sería más difícil. Cuando limitamos el alcance, nuestra mente se centra en esos límites y las ideas fluyen más fácilmente.

Esos cincuenta artículos, programados de lunes a viernes, serán diez semanas. Así pues, tendremos dos meses y medio de contenido a punto para programarlo en nuestro calendario editorial.

Más adelante, hablaremos de cómo aprovechar todo ese contenido para monetizarlo. Pero antes, hablemos de un complejo que me encuentro cada vez en más emprendedores. El complejo de «no soy el mejor».

Recuerda: Siempre hay alguien que sabe más

Quiero insistir en este punto clave, que en muchos casos nos echa para atrás. Es una situación con la que me encuentro en muchas ocasiones. Alguien que está motivado para empezar a escribir sobre un tema y, buscando en internet ideas para sus posts, encuentra a otra persona o empresa que ya lo está haciendo, que lleva un montón de artículos publicados y que incluso «sabe más» que él.

Bueno, pues dejadme repetir que SIEMPRE habrá alguien que sepa más que tú. SIEMPRE. Por mucho que sepas, por mucha experiencia que tengas, siempre, siempre alguien sabrá más. ¿O acaso te crees el mejor?

Pero también te digo otra cosa: NO te preocupes, es normal. No hace falta ser el que más sabe. No hace falta ser el más listo. No hace falta ser el más veterano. ¡Hay lugar para todo el mundo! ¿O pensáis que solo el mejor de los mejores puede vivir de su especialidad?

Hay muchos artistas, muchos médicos, muchos consultores y muchos profesores. Y algunos son mejores que otros, pero todos ellos se ganan la vida. Así pues, que no te frene no ser «el que más sabe» porque, entre otras cosas, no hay «uno» que sea el que más sabe. No existe «el mejor». Simplemente todos tenemos puntos positivos y negativos, fuertes y débiles. Y todos somos únicos. Todos somos distintos. Y eso es lo que hace que todos tengamos una oportunidad.

Así pues, y por mucho que sea un cliché… Sé tú mismo. Añade tu propio estilo y tu propia cosecha. No intentes copiar, no intentes emular, no intentes ser alguien que no eres. Eso te hará estar incómodo y a largo plazo no es sostenible. Ignora lo que hace el resto y céntrate en lo que haces tú.

Monetizar

Llegamos al tercer punto: monetizar. ¿Cómo monetizamos nuestra audiencia?

Bien, tengo buenas noticias. Esta es la parte fácil. ¿La parte fácil? Sí, en efecto. Si habéis generado una audiencia y la habéis hecho crecer (eso sí que es DIFÍCIL), lo que viene ahora va solo y las posibilidades son muchísimas. Veamos las más clásicas.

CONTENIDO PREMIUM

La primera es crear tu propio contenido «premium»; o sea, de pago. Este contenido puede tener cualquier tipo de formato: artículos, vídeos, podcast, documentos, etc. Debe ser complementario al contenido «público» que ofreces en tu web e ir ligado a la estrategia de marketing de contenidos.

Pongamos un ejemplo: supongamos que tenéis un blog o podcast sobre cocina macrobiótica y que ya generáis contenido periódicamente sobre este tema.

Vuestro contenido premium podrían ser vídeos en los que se os ve cocinando o unos PDF para descargar las recetas. O incluso sesiones individuales a través de Skype. Todo ello es perfectamente complementario al contenido que soléis generar, con lo que vuestra audiencia puede estar más que interesada en adquirirlo.

Si decidís monetizar vuestro proyecto a través del contenido premium, hay algunos puntos clave que deberíais seguir.

Para empezar, si vuestro contenido público es fantástico, el premium debe ser ultrafantástico. ¿A qué me refiero? A que si alguien decide pagar por un contenido extra al que ya le dais de forma gratuita, es normal que espere como mínimo el mismo nivel de calidad. No tendría ningún sentido que le ofrecierais algo peor. Eso sería sabotear el negocio desde un primer momento: los clientes simplemente dejarían de adquirirlo o los suscriptores se borrarían. Así pues, al crear nuestro calendario editorial, tenemos que reservar tiempo tanto para nuestro contenido público como para el de pago.

Y esto nos lleva a la siguiente cuestión: ¿cuánto contenido de pago debería estar generando en comparación con el contenido público?

Bien, esto dependerá de cada caso. Pero os recomendaría trabajar sobre una proporción del 50%-50%. Es decir, crear una pieza de contenido premium para cada pieza de contenido gratuito.

En mi caso, por ejemplo, mi contenido público es el siguiente:

- Podcast: emisión diaria, de lunes a viernes. Formato audio y notas del programa en formato texto.
- Tutoriales: publicación semanal, formato texto.
- *Late show* en YouTube: publicación semanal, formato vídeo.

Mientras que el contenido premium sería:

- Cursos: publicación diaria, de lunes a viernes. Formato vídeo y texto.
- Contenido extra: notas del podcast extendidas, *snippets* de código, pequeños plugins.
- Este libro: formato ebook, publicación puntual.

De esta forma, aunque pueda haber ligeras variaciones en función de la época del año y del proyecto en el que esté trabajando, suelo mantener la regla del 50%.

Con la experiencia he comprobado que es la que mejor se percibe en el mercado. Cuanto más bajo es el porcentaje premium, menos motivación va a tener tu audiencia para pagar por él. Pongamos un caso extremo del 10% premium ante un 90% público. La motivación es muy pequeña porque ya obtienen de ti el 90% sin pagar nada.

En el otro extremo, está la opción de tener el mínimo contenido público (pongamos un 10%) frente al contenido de pago (90%). Ahí el problema es que la gente no va a llegar a saber lo que se está perdiendo. Si no muestras de forma generosa lo que puedes ofrecer, no van a «imaginar» por iniciativa propia que detrás del pago se esconde ese nivel de calidad y cantidad.

E-COMMERCE

Otra variante de monetización sería crear un *e-commerce* para vender los productos relacionados con el contenido que generas.

Un ejemplo: supongamos que somos reparadores de teléfonos móviles y que normalmente publicamos artículos sobre este tipo de dispositivos, contando cómo arreglarlos. Ahí tendría mucho sentido colocar un *e-commerce* ofreciendo piezas de recambio, repuestos, consumibles y herramientas necesarias para llevar a cabo esas reparaciones que mostramos en nuestro blog o en nuestros vídeos.

Además, considerando que somos profesionales del tema, es probable que ya conozcamos a varios proveedores o incluso ya tengamos cierto stock de todos esos productos, con lo que podríamos montar ese *e-commerce* con cierta facilidad.

Fijémonos aquí en cómo le hemos dado la vuelta a la típica mentalidad de «crear un *e-commerce* y ponerle un blog», convirtiéndola en «crear un blog, hacer crecer la audiencia y luego monetizarla». ¿Os dais cuenta del cambio de paradigma?

Ojo, no digo que no sea posible montar un *e-commerce* sin audiencia. Pero vais a tardar muchísimo más en vender (y el camino va a ser más duro) que si ya tenéis un público a quien dirigiros. O pensando en otros términos, vais a necesitar un nivel de inversión mucho más alto para llegar a esa comunidad de la que carecéis. Y eso se paga, literalmente.

Y hablando de publicidad, esa es justo otra de las formas de monetizar nuestro contenido. Hablemos de ello.

INGRESOS POR PUBLICIDAD

Si no tenemos ningún producto o servicio para vender, siempre podemos vender los productos de otros. Hay múltiples formas de hacerlo, vamos a mencionar las más clásicas.

La primera opción es vender espacios publicitarios en tu web.

Esta es quizá una de las formas más antiguas de publicidad en la red: los banners. Esas típicas imágenes rectangulares que aparecen por todas partes.

Bien, pues no solo se trata de un formato tradicional de publicidad (o ingresos, según se mire), sino que además es de los más utilizados hoy en día. Suele establecerse un fijo mensual o un pago por cada mil impresiones (cada mil veces que aparece el banner).

Aunque este sea el método más recomendado, también es el más difícil cuando empiezas. Es muy difícil que haya algún anunciante que quiera pagar por estar junto a tu contenido cuando apenas tienes audiencia.

En esos casos, tenemos una segunda opción: trabajar con una red publicitaria, como AdSense.

Para contarlo de forma resumida, las redes publicitarias son plataformas que te facilitan un código que puedes colocar en cualquier ubicación de tu web y que mostrará anuncios de forma dinámica, basándose en tu contenido.

La parte positiva de este tipo de publicidad es que puedes empezar a monetizar prácticamente sin audiencia. Lo malo es que no vas a sacar ni para pipas. Me explico: este tipo de redes suelen pagar por cada mil impresiones o por cada clic que se reciba. Y sin audiencia, no vas a conseguir ni impresiones ni clics. Así pues, los que más suelen beneficiarse de este sistema de ingresos son los grandes portales genéricos de referencia. Periódicos, revistas y portales que tienen cientos de miles de visitas mensuales. Generas ingresos a base de fuerza bruta en tráfico.

La tercera opción en cuanto a ingresos por publicidad son los afiliados. Es una variante un poco distinta del resto, pero no deja de ser publicidad.

Los afiliados consisten, ni más ni menos, en hablar del producto de alguien con la esperanza de que quien esté leyendo nuestro artículo haga clic en ese enlace, vaya a la web donde se puede comprar tal producto y efectúe esa compra.

En ese caso, recibiríamos una comisión por cada venta, ya que el vendedor «detecta» que la persona que ha realizado la compra viene «de nuestra parte».

Una vez más, los afiliados se corresponden con un modelo de ingresos que depende mucho del tamaño de nuestra comunidad. Si tenemos una gran comunidad con decenas de miles de personas, tendremos muchos más ingresos, ya que habrá más posibilidades de que alguien realice compras. Y si la comunidad es más pequeña, habrá menos compradores potenciales y menos ventas.

Pero, al menos, no nos hará falta una comunidad tan grande como la que necesitaríamos para monetizar a través de anuncios de redes publicitarias.

¿Cuándo podemos empezar a monetizar?

Una pregunta muy clásica que me hace mucha gente, es «cuándo». ¿Cuándo podremos empezar a monetizar? ¿Cuándo podremos vivir de ello? ¿Cuándo voy a poder dejar mi trabajo?

La respuesta a esta pregunta depende de muchas variables, pero hay una teoría que siempre he seguido, yo y también muchos de mis clientes, y que siempre da resultado. La de los 1000 fans verdaderos, de Kevin Kelly.

¿En qué consiste esta teoría? En que debes crecer hasta el punto de conseguir 1000 fans verdaderos. ¿Y qué son fans verdaderos? Bien, primero os diré los que NO lo son. No son tus seguidores de Twitter. No son tus seguidores de Facebook. Tampoco los que te comentan. Ni siquiera los que te dan un «me gusta» cada vez que publicas algo.

Los fans verdaderos son aquellos que están dispuestos a PAGAR por tu contenido. Por tus servicios. Por tus productos. Por tu tiempo. Os quedaríais perplejos si supierais cuántos seguidores, lectores, oyentes o «fans» que os siguen no pagarían nunca ni un solo céntimo por vuestros productos.

¡Ojo, eso no es malo! ¡Ni raro! Es así. Siempre lo ha sido y siempre lo será. La gran mayoría de todos los que os lean (normalmente más del 90 %) no va a pagar nunca por vuestro contenido. Aceptadlo, es así.

Pero quedémonos con esos fans verdaderos. Los que contratan tus servicios. Los que compran tu libro. Los que adquieren tus productos. ¿De cuánto dinero estamos hablando? A nivel monetario, suele establecerse una media 100 € anuales por persona.

Si consigues 1000 fans que estén dispuestos a gastar 100 € anuales en tu producto, en tu servicio o en ti (estamos hablando de menos de 30 céntimos al día), estarás facturando 100 000 € anuales, más que suficiente para vivir cómodamente.

Fijémonos en que este objetivo no es extremo. Al contrario, es bastante factible, aunque parezca imposible. Solo con que consigas un fan verdadero cada día, en tres años ya habrás llegado ahí.

Así pues, piensa que no hace falta ser una celebridad que llene estadios para vivir de tu proyecto. Simplemente debemos conseguir 1000 fans. Pero, eso sí…, que sean verdaderos.

Y con esto vamos a cerrar ya este capítulo en el que mi intención era daros las pautas iniciales para saber por dónde empezar. Regresemos ahora al mundo del emprendedor para hablar de un tema interesante, imprescindible, peligroso, complejo… ¿Qué se merece todos estos adjetivos? Los socios.

Músculo financiero mínimo

Me gusta hablar del concepto del músculo financiero. Es bastante intuitivo. A más músculo, más fuerza, más poder y más cosas que puedes hacer.

Pongamos el paralelismo de alguien que va al gimnasio. Cuanto más músculo tiene, más peso puede levantar. Pero ¡ojo! Lo que no hará esa persona es llegar el primer día y poner todo el peso posible en la barra o la máquina. ¡Se va a hacer daño! O suponiendo que tenga ya cierta preparación, no pondrá un exceso de peso que solo le permita hacer una única repetición y tener que parar, agotado.

Otra cosa que no hará será cargar la máquina con un peso por encima de sus posibilidades. No solo no conseguirá hacer ni una repetición, sino que además con toda probabilidad se hará daño y acabará lesionado.

¿Qué es lo que hará? Limitarse a colocar un peso óptimo para poder hacer varias repeticiones correctamente. Tiene sentido, ¿verdad?

Pues con el capital disponible pasa lo mismo. He visto en múltiples ocasiones negocios «ahogados» precisamente por intentar levantar demasiado peso.

Un caso muy cercano fue el de una cafetería que se instaló en mi calle. Alquilaron un local muy grande, que antes había sido una tienda de muebles, y lo reformaron de punta a punta. Tramitaron los permisos pertinentes para la salida de humos, compraron la mejor maquinaria para el obrador, eligieron los mejores muebles y mesas, una decoración exquisita... En fin, no repararon en gastos. El producto, extraordinario. Muy rico. Y el personal superagradable. En poco tiempo se ganaron una buena reputación, la gente empezaba a ir y se veía siempre un buen ambiente. Nunca estaba vacío.

Cerraron en seis meses.

¿Por qué? ¡Si tenía todas las cartas a favor! ¡Si lo hizo todo muy bien y empezaba a tener clientela! ¿Qué error cometió? El local era bueno, las reformas también, el producto y el servicio estupendos. ¿Qué falló?

Intentaron levantar demasiado peso.

Con los días tuve la oportunidad de hablar con el propietario. Me contó que para montar el negocio hipotecó su piso y se gastó hasta el último céntimo (y más) en montar el negocio. Craso error.

Craso error por muchos motivos. Para empezar, porque no se puede invertir TODO lo disponible en un negocio. Porque SIEMPRE habrá imprevistos: una partida que suele estar muy infravalorada y en ocasiones ni se contempla. ¡No se puede hacer un presupuesto sin ella! Siempre hay algo. En ocasiones cosas que han surgido y, en ocasiones, cosas que se han olvidado. Nadie nace enseñado.

Pero, por otro lado, a ese hombre se le olvidó pensar en el «aguante» que es necesario cuando montas un negocio. A más estructura, más difícil será empezar a moverlo y más tiempo necesitará.

Pensemos en una locomotora versus un scooter. Sí, seguramente la locomotora podrá llegar más lejos y más rápido. Pero ponerla a velocidad de crucero requiere mucho más tiempo, esfuerzo y dinero que el scooter, que solo con un poco de gas sale disparado.

No era solo la inversión inicial, sino también el mantenimiento. Esa cafetería tenía 25 mesas. Eso le obligaba a tener como mínimo dos personas contratadas sirviendo a los clientes. Entre esos sueldos, el alquiler y la hipoteca, estaba obligado a tener una rotación de clientes altísima, ya que el margen de cada cliente era bajo y, en ocasiones, se pasaban «media tarde» con un café con leche.

En resumen: no tenía suficiente músculo financiero para llevar ese negocio. Debería haber empezado con algo más pequeño. Eso le hubiera supuesto un alquiler más bajo. Evidentemente menos mesas, quizá cinco o seis, pero las hubiera podido servir él mismo, ahorrándose también dos sueldos. O incluso podría haber buscado un local ya con salida de humos y permisos, para ahorrarse también ese gasto.

No estoy diciendo que su planteamiento fuera malo. Era bueno. Pero para una persona con el triple de capital disponible.

En la mayoría de las ocasiones infravaloramos el dinero que vamos a necesitar. Y eso ES NORMAL, porque no nacemos sabiendo. Es como lo que decía del tiro con arco: va a ser muy difícil que le des a la primera. Mucho.

Así pues, cuando estemos considerando la creación de un negocio, deberíamos plantearnos algo muy por debajo de nuestras posibilidades. Si disponemos de 100 000 €, es más recomendable pensar en un negocio de 50 000 € que en uno que requiera todo nuestro capital. Estaremos mucho más cómodos trabajando, tendremos margen de maniobra y de tesorería, podremos hacer frente a imprevistos y emergencias y, sobre todo, dormiremos mejor por las noches.

Este error lo veo muchísimo en emprendedores en busca de franquicias. Suelen buscar y filtrar franquicias con los cánones de entrada que se ajustan al 100 % de su capital disponible, cuando en realidad deberían buscar algo que exija mucho menos, para poder trabajar a gusto, sin estar sufriendo cada mes.

¡Ojo! Ya tendremos tiempo de crecer, no digo que no. Cuando llenemos esa cafetería cada día a todas horas, cuando estemos recuperando la inversión, cuando estemos generando beneficios, cuando veamos que la única opción es crecer y podamos pagar ese crecimiento, ya buscaremos otro local para trasladar el negocio. ¡O incluso abriremos otro, creando una cadena con la experiencia adquirida! Pero empecemos pequeño. Empecemos *lean*. Y poco a poco, vayamos creciendo y aprendiendo. Porque por mucho que estudiemos, hasta que no saltemos al terreno de juego no tendremos ni idea de lo que nos espera.

Así pues, cuando valoremos empezar cualquier negocio, no nos equivoquemos. Nuestro capital no es lo que podemos gastar. Nuestro capital es lo que no deberíamos permitir que se gaste del todo.

Formación

No hace falta licenciarse con honores para ser un emprendedor de éxito. Ni un máster. Ni una carrera. No hacen falta estudios superiores para triunfar.

Alguien tenía que decirlo.

Y antes de que medio mundo se me eche encima, dejadme añadir algo:

¿Es bueno tener estudios superiores? Sí. ¿Es positivo tener una carrera? Por supuesto. ¿Un máster? Genial. ¿Licenciarse con honores? ¡Fenomenal!

Pero esos estudios no son condición ni necesaria ni suficiente para emprender con éxito. ¡Ojo! ¿Son puntos a favor? Por supuesto que sí. Cuantos más puntos tienes, más posibilidades hay. Cuantas más papeletas de la tómbola tienes, más posibilidades de que te toque el premio. Pero NO es un requisito.

Entiendo que todos estaremos de acuerdo en estos dos puntos:

- No es condición necesaria: no hace falta tener estudios para triunfar. Personas como Bill Gates, Steve Jobs o Mark Zuckerberg nunca acabaron la carrera. Amancio Ortega dejó el colegio a los 13 años y ahora tiene más de 57 000 millones de dólares.
- No es condición suficiente: el mero hecho de tener estudios no es garantía de que puedas emprender exitosamente. Hay millones de ejemplos de personas con carreras universita-

rias sin un duro. Todos conocemos casos en nuestra familia y nuestros círculos cercanos.

Entonces… ¿Por qué se le da tanta importancia a tener una carrera universitaria, un máster, un doctorado, un posgrado, si no es condición necesaria ni suficiente? Bien, porque la gente necesita un camino: una pauta a seguir, una ruta. Y los estudios tienen el «monopolio» de ese camino. Pero NO son la única vía. Todos los caminos llevan a Roma.

Una vez más: no estoy diciendo que los estudios no sean buenos ni positivos para ayudarnos a emprender. Simplemente digo que no son necesarios.

No debemos olvidar que una gran parte de esos estudios (salvando la educación pública) son un negocio como cualquier otro. Y les interesa vender, tener alumnos y llenar las aulas.

Sí, exacto. Las escuelas y universidades privadas son negocios. Supongo que no estoy revelando ningún secreto, ¿verdad?

Y en numerosas ocasiones (demasiadas en mi opinión), esos estudios suelen tener mucho temario de relleno. He visto carreras universitarias (la mía incluida) en las que sobraba el 50% del temario. O mejor dicho, quizá no «sobrase» como tal, pero no me ha reportado nada en mi carrera profesional. En cambio, ciertas asignaturas, profesores o incluso alguna clase en particular han sido verdaderas perlas que me han ayudado constantemente, incluso a día de hoy. Pero todo eso junto no llega a un 10% de las horas lectivas.

¿Verdad que sería interesante poder cursar unos estudios que consistieran solo en ese 10% de material?

Entonces, ¿cuál es el camino? ¿Qué podemos hacer si no estudiamos de la forma que se nos presenta?

Bien, pues hay varias opciones. Vamos a ellas.

Leer libros

Soy un ávido lector. En serio. Me apasiona leer, me encanta. Ya desde pequeño devoraba libros uno tras otro. Me metía tanto en ellos que cuando levantaba la cabeza a veces me costaba acordarme de dónde estaba. Un buen libro es un TESORO. Un tesoro, creedme. La cantidad de información que podemos sacar de un libro, comparado con su precio, es una ganga. Pensad que en la mayoría de las escuelas y universidades, cada asignatura tiene su libro de texto. Y lamentablemente, en muchas ocasiones el profesor se limita a regurgitar lo que hay en ellos. No hay mucho valor añadido, ¿verdad?

¿De qué tipo de libros estoy hablando? Depende de cada caso, pero considerando que estáis leyendo este, entiendo que sois (o queréis ser) emprendedores, con lo que lo tenéis muy fácil porque en el mercado hay muchísimos dedicados a esta temática. Algunos muy buenos, otros bazofia, pero al menos tenéis dónde elegir. Este que tenéis ante los ojos es uno de ellos. Y estoy seguro de que lo que habéis pagado por él ya está más que compensado solo con lo que habéis aprendido hasta llegar a estas líneas. O al menos, eso deseo ;).

No voy a recomendar ninguno en concreto porque dependerá de vuestros intereses y forma de pensar. Sería un error intentar guiaros sin saber vuestros objetivos. Lo que sí os diría es que echéis un vistazo a Amazon y al iBooks Store, y leáis los resúmenes y las valoraciones de los libros disponibles sobre emprendimiento. Algunos incluso ofrecen los primeros capítulos de forma gratuita. Así os podréis hacer una idea del contenido y del estilo del autor, y podréis decidir si vale la pena comprarlo.

Leer artículos

Si no sois mucho de libros, también tenéis la posibilidad de leer artículos en internet. Hay múltiples webs, blogs, revistas y portales de información gratuita centrada en los emprendedores.

En ocasiones, un artículo puede valer tanto como un libro, porque puede contener la «esencia» de lo que necesitas saber. Mark Twain dijo: «*I didn't have time to write a short letter, so I wrote a long one instead*». O sea: «No tenía tiempo de escribir una carta corta, así que he escrito una larga».

Eso es lo que puede pasar con un buen artículo. Que puede decir más que un libro entero y ser suficiente para activar ese «clic» necesario para abrir una caja entera de conocimientos. O tal vez para descubrir un hilo del que tirar o un nuevo conocimiento que puedas aplicar.

Una vez más, no voy a recomendar ningún blog en especial, porque debería conocer vuestros objetivos y vuestra situación. Simplemente os recomiendo que busquéis blogs sobre emprendimiento en Google; hay pequeños tesoros.

Eso sí, que sean de autor. De emprendedores reales, con nombres y apellidos. Con el tiempo he comprobado que los blogs personales suelen tener contenido mucho más genuino e interesante que los blogs o revistas que en ocasiones solo escriben de «relleno», sacándose de la manga «Las 10 cosas que debes hacer para triunfar en tu negocio», dedicando un triste párrafo a cada una de esas brillantes ideas que os deberían hacer ricos.

Cuando alguien tiene un blog personal en el que escribe (ya sea sobre emprendimiento o cualquier otro tema) se juega su reputación. Normalmente esa web lleva su nombre o su nombre y apellidos. Y eso hace que lo que escriba sea digno de llevar su sello. Cuando es una revista o portal, en ocasiones esos artículos ni siquiera van firmados.

También os recomiendo que, si podéis, busquéis en inglés. Si domináis el idioma de Shakespeare con el nivel suficiente como para entender esos artículos, creedme, valdrá muchísimo la pena. Esos americanos saben mucho sobre emprender.

Cursos online

Otro tipo de formación que está ARRASANDO (y lo digo muy en serio, está arrasando en estos últimos años, por eso lo pongo en mayúsculas y le dedico este paréntesis) es la formación online.

Y que conste que NO estoy hablando de las carreras universitarias online, ni tampoco de la formación reglada que se ha pasado «al lado de la fuerza». Estoy hablando de cursos específicos y de tutoriales que cubren temáticas concretas de forma muy profesional.

A estas alturas, supongo que todos sabréis que también yo ofrezco cursos online en mi plataforma de cursos para emprendedores <boluda.com>. En ellos cubro mi especialidad: marketing online y desarrollo web. Ese equilibrio perfecto entre ambos mundos que permite a cualquier persona saber cómo desarrollar su proyecto técnicamente y cómo llegar a su público objetivo.

Como veis, estos cursos son muy concretos. Estoy mezclando el sector del marketing online (ya de por sí una categoría del marketing) y el del desarrollo web. Esa es mi intersección. Mi lugar. Y hay un público (seguramente los mismos que estáis leyendo esto) al que le interesa formarse justo en eso. No les hace falta una carrera de cinco años en la que, entre otras cosas, deberán aprender cálculo, álgebra y complejas formas de estadística (a mí me tocó). Solo quieren saber cómo valorar una idea de negocio y cómo llevarla a cabo. ¡Y ya está!

No hace falta aprender cómo hacer una integral por partes. No hace falta aprender a hacer asientos contables. Ya hay software que lo hace por ti. ¿Estaría bien saberlo? Está claro que daño no os va a hacer, pero tened en cuenta el coste de oportunidad (del que hablaremos más adelante en profundidad). En ciertas ocasiones el daño no es lo que aprendéis, sino lo que dejáis de hacer por estar aprendiendo eso.

Esa es precisamente la gracia de este tipo de formación online. Que no debes tragarte todas esas asignaturas de relleno, sino que puedes ir directo al grano. A aquello que sabes que vas a utilizar.

¿Que quieres aprender a hacer *cupcakes*? Hay cursos para eso. ¿Aprender a hacer tu propia ropa? ¡Ningún problema! ¿Aprender un idioma? ¡Todos los cursos que quieras! ¿Aprender adiestramiento canino? ¿Contabilidad? ¿Photoshop? Sí, sí, y sí. La formación online es posible, fácil y recomendadísima.

Y por tercera vez, no os recomendaré a nadie en concreto. Simplemente, haced una búsqueda rápida en Google y encontraréis de todo. O incluso en YouTube. Ahí veréis una barbaridad de cursos y videotutoriales de todas las temáticas. Algunos oro puro, algunos bazofia. Pero eso lo veréis enseguida, no os hace falta mi consejo.

Maestro y aprendiz

Si hay algo que es una gran lástima que se haya perdido, es el papel del aprendiz. En las sociedades gremiales, ya casi inexistentes, este rol era fundamental.

Cuando alguien quería aprender un oficio buscaba un «maestro» y, entonces, se convertía en «aprendiz». En este ámbito precisamente tienen origen esos nombres.

Bien, la figura del aprendiz ha desaparecido casi por completo. Y el concepto de maestro ha cambiado tanto que ya no es lo mismo. Nada que ver.

El aprendiz iba a aprender al taller del maestro. No cobraba, no pagaba: aprendía y trabajaba. Con el tiempo, quizá empezaba a cobrar por algunos trabajos. E iba mejorando día a día gracias a lo que le transmitía el maestro a través de la práctica. Al cabo de los años, ese aprendiz se convertía en maestro gracias a una «obra maestra», que era lo que le daba el derecho a llevar ese título.

Todo muy bucólico, sí señor. Y muy utópico también. Porque simplemente no es escalable y no «encaja» con el sistema capitalista de la actualidad. El proceso de aprender por el camino del maestro y el aprendiz es muy artesanal, lento e individual. Nada «eficiente», por así decirlo. ¿Eficaz? Sí, muchísimo. ¿Eficiente? Muy poco.

Este sistema prácticamente ya no existe, excepto para algunos negocios familiares en los que los padres transmiten sus conocimientos a los hijos que, de alguna forma, han acabado por tomar el papel de aprendices.

Pero de nada sirve rasgarnos las vestiduras y quejarnos de cómo está montado el sistema. Es un hecho. No se puede cambiar. Así que, simplemente, adaptémonos.

¿Adónde quiero llegar con esto? Pues a que, aunque algo no se haga, no quiere decir que lo debáis descartar. Que este sistema ya no se utilice no quiere decir que no podáis intentar buscar un maestro.

Tal como suena. Buscad un maestro de referencia, alguien que sepa y que os pueda enseñar, y ofreceos como aprendices. Contadle vuestra situación, intereses, motivaciones y ganas de aprender. Y ofreced vuestro trabajo a cambio de su conocimiento. Estrategia *win-win*. El maestro tendrá alguien que le ayude, pero a cambio deberá invertir tiempo en educarle. El aprendiz recibirá el saber del maestro, pero a cambio deberá trabajar.

En fin, se podría escribir un libro entero sobre esto, pero ya queda fuera del alcance de este. Solo quería mostraros esta otra posibilidad, por si consideráis que encaja con vuestra situación personal.

El síndrome de Peter Parker

Spiderman es un superhéroe. Todo el mundo lo quiere y lo adora. Es portada de revista cada semana, es fuerte, rápido y siempre gana a los malos. Todo el mundo quiere ser Spiderman.

Peter Parker es un desgraciado. Está arruinado, tiene un trabajo mal pagado, un jefe que no le valora, su amor platónico no le hace ni caso, es huérfano, su tío (que era como un padre para él) murió por su culpa dejando a su tía sola, y vive en un apartamento asqueroso del que apenas puede pagar el alquiler.

Spiderman es Peter Parker.

Tenemos un problema, ¿verdad?

Los emprendedores son superhéroes. Luchan con uñas y dientes contra todas las adversidades para lograr los objetivos que se han fijado, y trabajan todas las horas del mundo (y más) para levantar su empresa.

Pero los emprendedores también son personas. Tienen nombre y apellidos. Padres. Familia. Esposa o marido. Hijos. Y cada hora… CADA HORA que están dedicando a su empresa es una hora menos que dedican a su familia.

Estoy escribiendo este capítulo un sábado. Son las 10.45 de la mañana y mis dos hijos están con sus abuelos (mis padres). Han ido a desayunar a una montaña que tenemos cerquita, a unos veinte minutos en coche. Les encanta la montaña. Pero yo no estoy ahí. Estoy aquí, escribiendo este libro, con remordimientos de conciencia.

¡Pero…!

… En cuanto acabe el capítulo (que es el miniobjetivo que me he marcado hoy) los llamaré para ver dónde están y me uniré a ellos. ¿Podría quedarme toda la mañana escribiendo? Sí. ¿Todo el día, incluso? Por supuesto. Pero debemos establecer límites. Debemos mantener un cierto equilibrio.

Debemos vigilar MUCHO este delicado equilibrio, especialmente si emprendemos en solitario. Especialmente si somos autónomos. Especialmente si trabajamos desde casa. Especialmente si cada hora de trabajo implica ganar algo más de dinero. Porque si es así, de repente solo vemos horas que llenar con trabajo. Y eso nos puede llevar a arruinar las relaciones familiares y ser muy miserables. Quizá ricos, pero miserablemente ricos. Quizá con éxito empresarial, pero con ruina familiar.

En ocasiones, por temas de trabajo, tengo que viajar. A veces estoy cuatro o cinco días fuera de casa, asistiendo a una convención o a unas jornadas donde me han invitado a dar una charla.

Recuerdo que la primera vez pensé: «Mira qué bien, voy a poder aprovechar mi estancia para trabajar a tope. Me pondré con el portátil en la habitación del hotel y sin obligaciones familiares podré adelantar mucho. Sin tener que cocinar, sin tener los niños alrededor, sin tener que hacer vida social… Será un intensivo de trabajo».

Y en efecto lo fue. Avancé una barbaridad. Unas jornadas intensas e interminables. Solo paraba para ir a comer, ver alguna charla o impartir la mía. Aparte de eso, todo era trabajar. Al no tener interrupciones, era más que eficiente. El tercer día había hecho todo lo que me había planteado y más. Tenía todos los correos al día y estaba adelantando trabajo.

Y ese mismo tercer día recuerdo cómo un sentimiento de pena me recorrió de arriba abajo. Me sentía miserable. Tanto que, después de dar mi última charla, cambié mi vuelo y me fui a casa dos días antes para ver a mi familia.

Así pues, si en algún momento (aunque sea solo por un instante) crees que tu familia es un lastre (con todo el respeto), que no te permite avanzar profesionalmente o que te está frenando... ¡Date cuenta de que es al revés! Tu trabajo es lo que te está frenando ser mejor novio, marido o padre. No nos equivoquemos.

Lo diré una vez más: el equilibrio es el mejor camino, pero también el más difícil. Debes marcar límites, horarios, objetivos. No puedes lanzarte sin pensar en todo eso, porque acabarás con una crisis familiar. Eso tiene un nombre: *workaholism*, o sea, la adicción al trabajo. Debemos SER CONSCIENTES de ello y evitarlo en la medida de lo posible. Y para esas cosas es clave tener un buen método de gestión del tiempo, algo que veremos en el siguiente capítulo.

Así pues, y para evitar sufrir el síndrome de Peter Parker, os aconsejo establecer ciertos parámetros:

Horario

Establecer un horario es básico. Esta es una de mis debilidades. Me cuesta mucho desconectar. Pero es necesario. Así pues, debemos marcarnos un horario que luego tenemos que seguir.

Pero ¡ojo! Importante: el horario en sí, da igual. Lo importante es seguirlo.

¿A qué me refiero? A que da igual si decides trabajar de 8.00 a 20.00, de 19.00 a 5.00 o de 0.00 a 24.00. Es lo de menos. Lo importante es que te sientes un momento a pensar en el horario y en lo que quieres.

¿Que quieres trabajar ocho horas diarias? ¡Perfecto! ¿Quieres hacer cuatro? ¡Pues que sean cuatro! ¿Jornadas de dieciocho horas? ¡Si puedes, adelante! Da igual, tanto si son cuatro como veinticuatro horas. Lo importante es que te des cuenta de lo que vas a hacer. Que seas consciente de lo que te estás planteando.

¿Ves coherente y normal dedicar dieciocho horas a emprender? ¿O doce? ¿O cuatro horas? ¿Crees que eso es compatible con tu vida familiar? ¿Es una salvajada?

No estoy juzgando a nadie, ¿eh? Cada uno es un caso distinto.

No es lo mismo alguien de veinte años que vive en casa de sus padres, que puede dedicar veinte horas al día a emprender su negocio y guardarse cuatro para comer y dormir, que un padre o madre de familia monoparental con tres hijos, que no podrá dedicar más de dos horas cada día. Cada uno es un mundo.

Aquí el error, lo que debemos evitar, es no pensar en esto antes de empezar. ¿Por qué? Porque sin establecer primero esas «normas», vas a tener un descontrol total y no vas a saber el tiempo que dedicas a tu ocio y a tu negocio. Y por lo general nos acabamos «pasando» sin saberlo. ¿Por qué no lo sabemos? Pues porque no nos habíamos planteado cuántas horas dedicarnos a ello. Y claro, sin una referencia, ¿cómo vamos a saber que nos hemos pasado?

Así pues, esta es la clave: decidir cuántas horas y qué horas serán. Lo veremos en el siguiente capítulo. Y luego, más importante aún: ¡cumplirlo! No vale establecer un horario que luego no se cumple, es de sentido común. No intentemos engañarnos a nosotros mismos, diciéndonos que trabajaremos ocho horas, y luego estar catorce horas cada día delante del ordenador. ¡No nos hagamos trampas al solitario!

Finalmente, un último apunte en cuanto al tiempo: no hace falta que sea siempre el mismo. En distintas etapas del proyecto puede variar. Me explico: quizá el proyecto que tenéis en mente requiere dos o tres meses de «dedicación intensiva». Puede ser que tengáis que programar una app, desarrollar un software, montar una tienda o construir una base inicial.

En estos casos, es normal establecer una jornada laboral muy larga, porque se entiende que es una excepción y es temporal. Pero no se plantea a largo plazo. Una vez más, es como el libro que estáis leyendo. He tenido que hacer muchas «horas extras», pero solo durante unos meses. Y antes hablé con mi mujer para establecer qué sacrificios supondría y tomamos la decisión de forma consensuada.

Así pues, tengamos también en cuenta ese factor. Si es temporal, podemos hacer un «sprint», un intensivo y dedicar mucho más tiempo del que podríamos normalmente. Pero si es sostenido en el tiempo debe ser una «carrera de fondo» con un ritmo que podamos llevar según nuestra situación personal.

Lugar

Si bien hemos hablado del tiempo, también tenemos que hablar del espacio. Es altamente recomendable que tengamos un «lugar de trabajo». Sea un despacho, una oficina, un *coworking* o incluso una cafetería. Da igual. Pero intentemos separar el espacio en el que vivimos de aquel en el que trabajamos.

Yo, por ejemplo, suelo trabajar en mi despacho. Cuando monté mi negocio nos mudamos a un piso con una habitación extra que habilité como despacho. ESE, Y NO OTRO, es mi lugar de trabajo. No lo es el comedor, ni el sofá, ni el dormitorio, ni ningún otro.

Así pues, cuando voy a trabajar, voy al «lugar» donde trabajo. Y aunque esté apenas a cinco metros del comedor, ya es muy distinto. Porque en el comedor hay vida familiar, hay ocio y hay niños. Cuando estoy ahí es porque tengo puesto el «modo familia». Pero cuando estoy en el despacho, pongo el «modo trabajo».

Eso quiere decir que, si me he ido al despacho, no me interrumpen para abrir un tarro de mermelada, para preguntarme qué haremos el fin de semana o para hacer aviones de papel con los peques.

Pero ¡atención! Eso también quiere decir que cuando estoy en el comedor no estoy mirando el correo en el iPhone, contestando a clientes o escribiendo posts. En ese momento, mi atención es para mi familia. Ese *Quality Time* que dicen los americanos.

Fijémonos en que la clave es no mezclar espacios ni momentos. Si a eso le sumamos el hecho de cumplir el horario que nos hemos marcado, estaremos mucho más cerca del equilibro perfecto (que es imposible).

Algo que nos ayudará es tener ese espacio de trabajo relativamente lejos de casa. A ver, tampoco es necesario tenerlo a una hora en coche, ¿eh? Con que esté a cinco minutos andando es más que suficiente. Eso ya «romperá» cualquier vínculo. Yo tengo el despacho (así lo busqué) a 30 segundos andando desde mi casa.

Si además podemos dejar allí las herramientas de trabajo (ordenador, tablet, documentos, etc.), mucho mejor. Eso nos «obligará» a no trabajar en casa o, al menos, nos dificultará el proceso.

Por último, solo quiero señalar el hecho de que no hace falta tener un despacho, oficina o *coworking* para trabajar. Hay alternativas gratuitas, como bibliotecas públicas o centros cívicos, en las que se puede trabajar perfectamente con un portátil (en algunos casos incluso tienen ordenadores a disposición de los usuarios).

Y si no os importa el ruido, incluso una cafetería puede ser un buen lugar de trabajo. Conozco a un programador autónomo que donde mejor trabaja es en una cafetería que tiene cerca de casa. Va todas las mañanas a la misma mesa, se pide el mismo desayuno, se instala con su portátil, se coloca los auriculares escuchando su música favorita y desaparece por completo de este mundo mientras crea, programa y desarrolla. Ese es su lugar de trabajo, ese es su momento de trabajo.

Jose

Cuando estaba escribiendo este libro, pregunté a la audiencia de mi podcast si les parecía bien hacer esta aproximación al punto de vista «humano» de los emprendedores. Tuve muchas respuestas, la gran mayoría diciendo que sí, que lo hiciera. Pero una de ellas fue especialmente conmovedora.

Os pego aquí su correo, tal como me llegó a mí. Solo he cambiado su nombre, pues cuando me dio permiso para reproducirlo aquí, así me lo pidió:

> Ella estaba embarazada de unos cinco meses cuando decidimos que trabajar en la cocina de un hospital a 40 grados en Sevilla, en verano, no era lo mejor para el embarazo, para nuestra futura hija.

Ya veníamos de un aborto. La empresa, que vio la oportunidad de un despido y meter carne fresca con peor contrato llegó a un acuerdo económico con nosotros. Nos conformamos con lo que nos dieron y decidimos que al año siguiente mi mujer haría realidad su sueño, tendría una tienda de ropa.

Medio año después de dar a luz, la tienda abría sus puertas. Mi trabajo era y es horrible, y también vi la oportunidad de subirme al carro más adelante, aunque la ropa no es mi «pasión» (esta palabra tan de moda). Tan solo 6 meses disfruté de una vida en familia. Mi hija, mi mujer y yo. A partir de entonces todo fue la tienda, la tienda y la tienda. Al principio el dinero «compensaba» el tiempo que no disfrutábamos juntos. Con el tiempo la cosa se complicó. Más adelante ya no había ni dinero ni tiempo que disfrutar.

Poco más de dos años después, tras un verano en que no pude ni llevar a mi hija de vacaciones porque la tienda arramplaba con cualquier euro que entraba en casa, le dije a mi mujer que cerrara ya, que liquidaríamos las deudas que teníamos con los bancos poco a poco. Saldríamos de esta. La tienda iba a cerrar sus puertas.

Creo que fue un viernes, habíamos cenado en un Burger King, a mi hija le encanta ir a la zona infantil que tiene y se lo pasa muy bien. Comiendo, ella no me miraba para nada. Los ojos perdidos en el horizonte. Al llegar a casa, ya en la cama, le pregunté qué le pasaba. «Que ya no te quiero.» Simplemente dijo eso. Ya no éramos familia. Ya no tenía familia. A partir de ahí, solo cuestiones sobre divorcio.

Lo que pasó en esos dos años y pico supongo que es lo que pasa en la mayoría de los negocios. Le dedicas mucho, mucho tiempo, poco descanso, dejas de hacer cosas con tu pareja, la mente siempre en el negocio, pocos días de vacaciones, preocupaciones... yo qué sé. Emprendes por querer una vida mejor y tal vez todo se vuelve un infierno.

Aquella noche ya no dormimos juntos, nunca más lo haremos. Me faltaban ocho días para cumplir los 37 años. La conocí con 17, pero es una extraña sensación cada vez que la miro porque ya no la veo. Es otra persona. El alma que yo siempre había querido ya no está en ese cuerpo.

A tu pregunta de si queremos un libro más técnico para emprender o más humano, yo lo tengo claro. SÉ TÉCNICO. Quien quiere emprender quiere que le cuentes cómo hacerlo. No va a «ver» nada más. No sé si es como ponerte una venda en los ojos o como quitártela, pero ya no ves nada más. PERO dedícale un pequeño espacio, aunque tan solo sea un pequeño artículo, para advertir que las cosas pueden salir mal, y que no den todo por sentado, que ningún corazón está obligado a arder si no lo alimentas con más madera.

Hazlo sobre todo por ti, Joan, por tener la conciencia tranquila, porque tal vez dentro de un par de años alguien te escriba diciendo que las cosas han ido mal, que no sabe por qué, que su vida es un infierno, que el viernes es el peor día de la semana, que ya ha intentado hacer varias veces algo que no se debe, que se siente solo, que no tiene con quién ir al cine, que emborracharse y dormir es lo único que hace más llevadero la mitad de los fines de semana, que por qué con 37 te sientes viejo y la vida ya parece demasiado larga, que cómo una cama puede ser tan fría. Y una lejana idea o sueño de volver a emprender y cambiar de vida, que te lleve a un lugar mejor, será una de las pocas cosas que te impidan tirar la toalla definitivamente.

A veces me quedo mirando un rato fijamente a mi hija, observándola. El cristal brillante de sus ojos, sus manitas tan pequeñas, su pelito rizado. Tiene tres años. En mi cabeza entonces se repite una idea una y otra vez, «Jose, lo has estropeado todo, ¡imbécil!».

Al menos podrás decir que lo habías advertido, y tendrás la conciencia tranquila.

Llevo llorando un buen rato, pero me he sentido obligado a contar esto por si puedo ayudar a alguien, y no me avergüenzo de nada.

Desde aquí le mando un abrazo a Jose por compartir su testimonio. ¡Gracias, Jose! Estoy seguro de que dará que pensar a más de uno. Estoy seguro de que habrás ayudado a más de una familia.

Así pues, recordad: antes de empezar nada, debemos establecer horarios y lugares consensuados con la familia (y con nuestra conciencia). En definitiva, separar el cuándo, el cuánto y el dónde.

Que no os pase como a Peter.

Que no os pase como a Jose.

Gestión del tiempo

Tú debes controlar el día, no el día a ti.

Así de fácil, así de simple. En general, no podemos permitir que el día nos controle. Tenemos que ser nosotros los que agarremos el timón y organicemos con tiempo lo que vamos a hacer. Y nunca al revés.

Que se cumpla esta norma es muy importante. Pero especialmente clave para los emprendedores, que en la mayoría de los casos tenemos que jugar varios papeles, ser hombres orquesta y llevar varios sombreros.

Debemos tener claro que nuestro valor más preciado es el tiempo.

O sea, que deberemos ser extremadamente tacaños con él. Cada momento que dediquemos a algo debe estar sopesado a conciencia.

¡Ojo! No digo que siempre debamos estar trabajando. Es evidente que no, ya he hablado de eso en el capítulo anterior. Debe haber un equilibrio. Pero, sobre todo, debemos ser CONSCIENTES de ello.

Lo que debemos evitar por encima de todo es ir «a salto de mata», sin saber exactamente qué hacemos, cuándo lo hacemos y por qué lo hacemos, en lugar de estar haciendo otras cosas. Para tomar conciencia de todo esto, veamos algunas técnicas y reglas.

La regla del 4

La regla del 4 es una forma muy fácil y útil para darnos cuenta (ser conscientes) del tiempo que dedicamos a algo.

«Pero, Joan, yo ya sé cuánto tiempo dedico a algo. Si tardo una hora, es una hora. Son 60 minutos. ¿Qué más necesito saber?»

Sí, cierto. Pero una hora engaña mucho. No tenemos ni idea de lo que es una hora. Así que vamos a relativizar ese tiempo con la regla del 4.

Un día tiene 24 horas. Multiplicando ese número por 4 tenemos 96, un número muy cercano al 100. Así pues, esto nos permite calcular de forma aproximada qué porcentaje del día gastamos en algo.

Por ejemplo, supongamos que vamos cada día al trabajo en coche y, de media, invertimos una hora para ir y una para volver. Eso son 2 horas al día. Multiplicando ese 2 por 4, tenemos 8. O sea, un 8% de nuestro día lo pasamos sentados en el coche, yendo a trabajar. Interesante.

Pero eso no queda ahí. Ese 8% es de un día de 24 horas. Pero en realidad tenemos muchas menos horas disponibles. Vamos a quitar las 8 horas de dormir, dejando solo las 16 horas restantes. Ahora ese 8% se convierte en un 12,5%. CADA DÍA. ¡Cada día pasamos un 12,5% de nuestro tiempo disponible encerrados en un coche!

Y lo más triste es que ese 12,5% corresponde a nuestro tiempo «libre». Me explico… Si tienes una jornada de 8 horas, ese rato que estás en el coche no te lo restan de ese tiempo, ¿verdad? Tu jornada empezará cuando llegues al trabajo. Es decir, que lo estás «robando» de tu tiempo de ocio. Tiempo que podrías estar dedicando a lo que te diera la gana (que seguramente no es estar en un atasco gastando gasolina).

Y eso pasa con todos los grandes «ladrones de tiempo». Una llamada de una hora supone un 6,25% del día hábil y un 12,5% de la jornada laboral de 8 horas. O una visita de cuatro horas es el 25%

del día hábil y un 50% de la jornada laboral. ¿Os dais cuenta de cómo vuela el tiempo?

Algo tan simple como pasar las horas o los minutos a porcentajes, nos hará mucho más conscientes de lo que significa dedicar ese tiempo a esas tareas.

Entonces... ¿Cómo podemos «minimizar» esos ladrones de tiempo? Bien, pues para empezar debemos separar las cosas importantes de las cosas urgentes.

Cosas importantes, cosas urgentes

Si tuviera que elegir un único concepto, una única teoría, una única estrategia de la gestión del tiempo, me quedaría sin duda alguna con la matriz de cosas importantes y cosas urgentes.

Las cosas importantes son aquellas que sabemos que deberíamos hacer para mejorar. Por ejemplo, un curso de gestión del tiempo.

Las cosas urgentes, por otro lado, son aquellas que necesitamos hacer rápidamente, como coger el teléfono cuando alguien llama.

También pueden mezclarse. Algo importante y urgente, por ejemplo, podría ser tener la oficina en llamas y que haya que salir del edificio. O también algo podría no ser ni importante ni urgente como, por ejemplo, pintar la oficina.

Evidentemente, aquí hay una escala de grises muy importante. Las cosas no son «importantes» o «no importantes», sino que hay una gradación de más a menos.

Pongamos algunos ejemplos para verlo más claro, dentro de la típica matriz que ilustra esta teoría:

	COSAS IMPORTANTES	COSAS NO IMPORTANTES
COSAS URGENTES	OFICINA EN LLAMAS	CONTESTAR EL TELÉFONO
COSAS NO URGENTES	FORMACIÓN	PINTAR LA OFICINA

Es evidente que la oficina en llamas es algo urgente e importante (si no lo solucionamos, morimos). También se entiende que la formación sea importante pero no urgente (al menos a corto plazo). Incluso podríamos considerar que pintar la oficina no es ni urgente ni importante (no pasa nada si no lo hacemos nunca).

Las más peligrosas, sin embargo, son las NO importantes, pero SÍ urgentes. Estas están en una zona gris. Contestar el teléfono puede ser más o menos importante, en función de cada caso, y más o menos urgente. Y estas son precisamente las tareas «ladrón de tiempo».

El problema no es una llamada en sí, ni contestar un correo, ni entregar un informe, ni arreglar un asunto con un cliente. El problema es cuando todas esas cosas desplazan las cosas importantes.

Una vez más: el problema es que las cosas urgentes no nos dejan hacer las importantes. Y si no hacemos las cosas importantes, fracasaremos seguro. Aquí podemos identificar esas tareas:

	COSAS IMPORTANTES	COSAS NO IMPORTANTES
COSAS URGENTES	PRIORIDAD TOTAL	LADRÓN DE ESTRATEGIA A LARGO PLAZO
COSAS NO URGENTES	GRAN OLVIDADO	¡PELIGRO!

Así pues, las cosas urgentes e importantes deben tener prioridad total, mientras que las que no son ni importantes ni urgentes son un peligro que deberíamos evitar.

Las más delicadas son las cosas importantes no urgentes (las grandes olvidadas) y las urgentes no importantes (ladronas de estrategia a largo plazo).

¿Qué deberíamos hacer entonces con cada una de esas tareas? Bien, pues aquí tenemos el resumen:

	COSAS IMPORTANTES	COSAS NO IMPORTANTES
COSAS URGENTES	ACTUAR	DELEGAR
COSAS NO URGENTES	PLANIFICAR	PROCRASTINAR

Como vemos, las cosas importantes y urgentes requieren tomar acción. Las que no lo son, las podemos procrastinar sin remordimientos.

Pero por otra parte tenemos esas tareas urgentes pero no importantes, que deberíamos aprender a delegar. ¿Por qué? Porque no son importantes y, como tales, debería poder hacerlas otra persona. Incluso se podrían llegar a externalizar hasta cierto punto.

Si, por ejemplo, estamos todo el día pegados al teléfono concertando citas con clientes, quizá contratar un asistente virtual sería una buena idea.

Así pues, deberíamos detectar las «actividades clave» (nuestro *core business*), para identificar lo que podemos o debemos externalizar. Hablaremos de esto más adelante cuando nos centremos en el modelo de negocio. De momento, quedémonos con esta idea: si no es importante, deberíamos externalizarlo.

Y finalmente, tenemos esas grandes olvidadas: las tareas importantes NO urgentes. Por ejemplo, entrar en un nuevo mercado, traducir la web, hacer captación comercial… Cosas que «no pasa nada si no hacemos hoy», pero que si no las hacemos nunca (por culpa de no ser urgentes) acaban siendo el motivo de nuestro fracaso a largo plazo.

No debemos olvidar que nosotros somos nuestros mejores clientes. O sea, que debemos tratarnos como tales. No vale olvidarnos de nosotros mismos. Debemos respetarnos y tratarnos como si fuéramos un cliente más, y exigirnos lo mismo que nos exigen nuestros clientes. Pensemos que perder un cliente es malo, pero perdernos a nosotros es peor, porque implicará el cierre.

Así pues, esas tareas las tenemos que planificar. Es decir, asignarles un momento (día y hora) para hacerlas. Esto lo podremos hacer a través del *time blocking*.

Time blocking

El *time blocking* es, en mi opinión, una de las mejores formas de gestión del tiempo que existen. Sin duda alguna.

¿En qué consiste? Tan fácil y simple como organizar nuestro día a partir de bloques de tiempo. Voy a poner un ejemplo de cómo lo hago yo. Aquí tenemos un horario donde colocaremos las cosas importantes y urgentes:

Como podéis ver, hay cuatro bloques básicos: *inbound marketing*, clientes, formación y, de nuevo, clientes. Esto es una simplificación, pero más que suficiente para haceros una idea. Los bloques «*inbound marketing*» y «formación» son las tareas importantes y los bloques «clientes» son las urgentes.

En mi caso, coloco las importantes a primera hora del día. Cada uno puede hacerlo como quiera, lo importante es colocarlo. Como podéis ver, yo lo hago de 5.00 a 8.00 de la mañana, en el primer bloque. Algunos seguramente ya sabéis que me despierto MUY pronto para grabar el episodio diario de mi podcast y la nueva clase para mis cursos online.

Luego, de 8.00 a 9.00 es el momento de los peques. Desayunan y los llevo al colegio. Así también «desconecto» un poco, algo muy necesario. Y a las 9.00 vuelvo a la carga hasta las 13.00. Esas cuatro horas del segundo bloque son para las cosas «urgentes».

Una vez más, es importante recordar que «urgentes» no significa que sean TAN urgentes. Es decir, no hace falta que se esté quemando el despacho (eso sí sería MUY urgente, por cierto).

Llamamos «urgentes» a las cosas que no se deberían demorar. En mi caso serían cosas como contestar correos, entregar proyectos, crear campañas de marketing online, optimizar campañas de AdWords o de Facebook Ads, repasar el SEO de alguna página, lanzar un *mailing*... Vamos, el típico «día a día».

De 13.00 a 15.00 es momento para descansar, desconectar, comer y relajarse. Y a las 15.00 volvemos a la carga con el tercer bloque. Una vez más, con algo importante. Le asigno esa hora porque en ese momento aún hay poca actividad, y se trata de formación. Concretamente, clases de inglés avanzado. Las hago por Skype con mi profesora, que vive en Nueva Inglaterra.

En mi caso son clases de inglés, pero podría ser cualquier otro tipo de formación: leer un libro de gestión empresarial, ver un webinar de gestión del tiempo, leer un artículo sobre una herramienta que podemos utilizar, asistir a una clase de programación, etc.

NO VALE DECIR «NO TENGO TIEMPO» PARA HACER ALGO IMPORTANTE. Esto es fundamental y un error garrafal. Apelamos al «notengotiempismo» con una facilidad abrumadora. ¡Eso es falso! ¡Sí que tenemos tiempo! ¡¡Lo que pasa es que no lo hemos planificado!!

En la mayoría de las ocasiones, cuando alguien dice «no tengo tiempo», nunca ha llegado a planificarlo. Nunca.

Lo que debemos hacer, antes de echarle la culpa a la falta de tiempo, es abrir la agenda y RESERVAR ese tiempo. Porque si no lo hacemos así, NUNCA vamos a tenerlo. ¿Qué esperamos? ¿Que se pare el mundo para que podamos hacerlo? ¡No! El mundo va a seguir girando y las tareas urgentes NO importantes van a seguir apilándose encima de la mesa.

¿A qué esperamos? ¿A que se vacíe la mesa para hacer lo importante?

Pues, atención: eso no va a pasar nunca. Siempre, SIEMPRE, vamos a tener más tareas. Y cuando las hagamos, vendrán otras nuevas. O sea, que si no bloqueamos el tiempo y le asignamos nombre y apellido, fecha y hora... No lo vamos a hacer nunca.

Regresemos pues a mi horario. Después de esa hora de formación, voy a por el cuarto bloque: cuatro horas más a esas otras tareas «urgentes» hasta las 20.00, cuando concluyo el día.

Como ya he dicho, esto es solo un modelo simplificado. En realidad, no es que tenga un bloque de cuatro horas, sino que en esa franja sitúo las diferentes reuniones, citas, entregas, optimizaciones, etc. Simplemente las voy colocando a medida que van surgiendo. Podríamos marcarlas en otro color, por ejemplo:

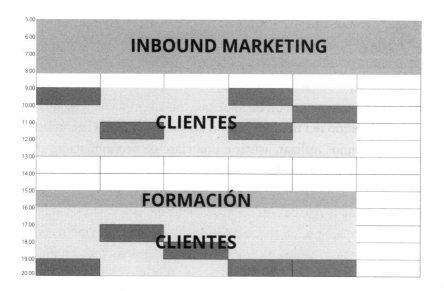

Lo importante es que esas tareas estén en la zona que les corresponde y que no invadan la siguiente. En mi curso de productividad pongo algunos ejemplos más.

Bien, hagamos ahora una reflexión. Este es mi horario. Mi forma de organizarme. Mi método. Como podéis ver, trabajo doce horas al día. No es poco, pero tampoco es demasiado. A mí me funciona y a mí me va bien. Pero eso no quiere decir que vosotros tengáis que hacer lo mismo. Vosotros tendréis que crear el que os convenga en función de vuestro caso. Quizá trabajáis mejor a última hora de la noche o quizá a media mañana. Quizá necesitéis más tiempo libre. Quizá menos. Quizá más clientes. Quizá menos.

La idea es que hagáis vuestra propia matriz de cosas importantes y urgentes, y que planifiquéis la reserva de tiempo en vuestra agenda en función de ellas.

Os aseguro que si os organizáis con tiempo y sabiendo con antelación a qué vais a dedicar el día, este cunde mucho más. Y sobre todo, sobre todo… Las tareas se llevan a cabo.

Socios

La sabiduría popular lo tiene claro. Frases como «Si quieres ir deprisa, ve solo; si quieres llegar lejos, ve acompañado» o «La unión hace la fuerza», dejan claro que si queremos emprender deberíamos hacerlo con alguien. Pero, ojo, porque también se dice «Mejor solo que mal acompañado» o «La confianza da asco». Entonces... ¿Debemos emprender solos? ¿O con socios?

Como siempre... ¡Depende!

Está claro que asociarse con una o varias personas tiene ventajas e inconvenientes. Así que vamos a repasar aquellos puntos que deberíamos tener en cuenta antes de casarnos con alguien.

Amigos (y familia)

Regresando a los proverbios, se dice que «Quien tiene un amigo tiene un tesoro». Y es cierto. Pero fijémonos en que la frase no dice «Quien tiene un amigo tiene un socio». De hecho, un muy buen amigo NO tiene por qué ser un muy buen socio.

«Pero, ¡Joan!, Fulanito y yo somos amigos de toda la vida. Vino a nuestra boda y siempre lo pasamos muy bien arreglando el mundo mientras tomamos unas cervezas.»

Por supuesto que sí. Y que siga así por muchos años. Pero eso no significa que esa persona sea el socio que necesitas. Hay personas que como amigas son perfectas, pero no irías a vivir con ellas, ¿verdad?

Pensemos que cada persona tiene varios roles: un rol profesional, un rol dentro de su familia, otro rol con sus amistades, etc. Y puede ser muy crack en uno de ellos, pero un desastre en otro. Ya hemos hablado del síndrome de Peter Parker. Pues también se da el caso contrario. Alguien que, por ejemplo, puede caer bien a todo el mundo y ser el típico cuñado divertido de todas las fiestas familiares, pero que es un desastre a nivel profesional.

Así pues, no nos dejemos llevar por las ganas de empezar algo con un amigo por el simple hecho de que sea un amigo. Debemos valorar otras cuestiones que veremos a continuación.

Además, debemos tener en cuenta el factor «ruptura». Imaginemos que, por cosas de la vida, el proyecto sale mal. Si lo hemos hecho con un socio de negocios, ahí queda el tema. La vida sigue y cada cual sigue su camino.

Pero imaginemos que lo hemos hecho con un amigo de toda la vida. Dependiendo de cómo termine todo, podemos perderlo. ¿De verdad vale la pena perder una amistad? Eso debemos sopesarlo.

Y aún peor si se trata de familia. Si pierdes un amigo, a pesar de lo triste que pueda ser, no estás obligado a verlo de nuevo. Pero si se trata de un miembro de la familia, estamos afectando no solo a nuestra relación con él, sino también con el resto de la familia. Imaginad las celebraciones familiares: los cumpleaños, Navidades, verbenas, etc. Podemos crear conflictos totalmente innecesarios. Creedme, he estado en algunas celebraciones familiares más tensas que una operación a corazón abierto.

Así pues, descartado el «buenrollismo», ¿qué factores deberíamos tener en cuenta para elegir un socio? Bien, pues empecemos por la complementariedad.

Socios complementarios

Uno de los principales factores (el principal, de hecho) que debemos tener en cuenta a la hora de elegir un socio, es el nivel de complementariedad. O sea, que sea una persona (o varias) con las que te complementes.

¿A qué me refiero? ¿Complementarios en qué, exactamente? Repasemos los principales puntos que debéis analizar.

HABILIDADES

Para empezar, las habilidades. O sea, conocimientos, estudios, etc. ¡El equipo debe estar equilibrado! No hay nada peor (y creedme, estoy harto de verlo) que el típico equipo de tres ingenieros que han estudiado juntos la carrera y cuando se licencian montan un proyecto. Y cuando digo ingenieros podría decir informáticos, relaciones públicas o graduados en marketing. Esos equipos están desequilibrados del todo.

¿Por qué?

Porque es probable que esos ingenieros tengan un producto o servicio técnicamente infalible, pero les faltará saber cómo venderlo. El perfil profesional de un ingeniero se centra siempre en el producto: sus características, sus posibilidades, su perfección. Puede ser que creen una verdadera obra maestra, pero que no vendan ni una.

Ojo, que lo mismo pasa con los de marketing. Son verdaderos *cracks* vendiendo, pero en muchas ocasiones les falla el producto por el mismo motivo: porque el equipo está desequilibrado. En un caso extremo son como «vendedores de teletienda», capaces de vender el producto más surrealista sobre la faz de la Tierra. Solo con cinco minutos escuchándolos, tienes una irresistible necesidad de comprar ese cacharro que corta y tritura verduras en segundos. Algo que hace unos minutos ni siquiera sabías que existía y sin lo que ahora ya no puedes vivir. Sí, correcto, al menos han logrado venderlo. Pero luego te arrepientes porque ves que, en efecto, el producto es una birria y no vuelves a confiar en ellos.

Así pues, a largo plazo, un proyecto «vendehúmos» tiene los días contados.

Evidentemente, estoy trazando una caricatura de esos equipos. No todo es tan blanco ni tan negro. Pero sí es cierto que, en cierta medida, un equipo desequilibrado tiene muchos más números para el fracaso.

EXPERIENCIA

En segundo lugar, también deberíamos buscar socios que nos complementen en cuanto a experiencia. ¿Qué recorrido ha tenido cada uno?

Por ejemplo: quizá un socio ha estado trabajando durante muchos años en un sector concreto y tiene muchísima experiencia en ese campo, pero nunca ha emprendido. De eso no tiene ni idea. En cambio, el otro es un emprendedor nato que ha creado ya un par de proyectos exitosos y ahora busca emprender en ese sector (que él desconoce). Ahí tendríamos una pareja perfecta. ¿Se entiende la idea? ¿Os dais cuenta de cómo ahí encajan las piezas?

En 1971 un equipo muy similar se unió. Uno de ellos era muy bueno en negocios y marketing; el otro, un ingeniero extraordinario. Empezaron a trabajar juntos y en 1976 lanzaron su primer proyecto, que los lanzó a la fama. Estamos hablando ni más ni menos que de Jobs y Steve Wozniak. Fundaron Apple.

¡Sí, lo sé! Eso es solo un caso y no vale generalizar y pensar que solo por unir a dos personas complementarias ya tenemos la receta del éxito. No es así. De hecho, no hay recetas de éxito; si las hubiese todos seríamos ricos. Pero sí es cierto que, si en este caso se hubiera tratado de dos ingenieros con la misma experiencia y habilidades, seguramente ahora yo no estaría escribiendo este libro en un MacBook Air.

Socios coincidentes

Por otra parte, si bien es cierto que los socios deben complementarse, también es cierto que deben ir «todos a una». Y para eso, permitidme que os hable de algo más conceptual. Ya sabéis que no me gusta usar palabras ambiguas o demasiado genéricas, pero en este caso debemos hablar de la «visión».

Visión

Podríamos decir que la visión de una empresa es una especie de declaración que indica hacia dónde se dirige, en qué pretende convertirse y qué quiere conseguir en un futuro. La visión debería responder a preguntas del estilo «¿qué queremos llegar a ser?» o «¿cuáles son nuestros deseos y aspiraciones?» o incluso «¿cuál es la imagen que querríamos tener?».

Como ya he dicho en varias ocasiones, este no es un libro de gestión empresarial. O sea, que no os voy a contar todo lo que hay escrito sobre misión, visión y valores de una empresa. Hay tantísima literatura sobre el tema que no vale la pena añadir más. Y además, en muchas ocasiones, cuesta mucho aplicar toda esa teoría en la vida real.

Pero en el caso que nos ocupa, este concepto nos va como anillo al dedo para buscar socios, ya que todos deben compartir una misma visión. Si cada socio tiene una visión distinta de la empresa, mal vamos. Os pongo cinco ejemplos de visión de empresas conocidas para que os hagáis una idea:

- Samsung: «Inspirar al mundo para crear el futuro».
- Honda: «Convertirnos en una compañía que la sociedad quiere que exista».
- Nissan: «Enriquecer la vida de la gente».
- McDonald's: «Ser el lugar y la forma de comer preferidos de nuestros clientes».
- Adidas: «Ser la marca líder de deportes en el mundo».

Como veis es algo muy genérico y, en realidad, bastante alejado de las pequeñas decisiones que vais a tomar en el día a día, pero sí que nos sirven para ver si todos los socios están en sintonía.

¿Están todos buscando lo mismo? Si no es así, es muy probable que a medio y largo plazo esa unión acabe en ruptura, porque cada uno tiene una visión distinta de la empresa. Nunca coincidirán en sus decisiones, porque hablan idiomas distintos.

MOTIVACIONES

En segundo lugar, tenemos otro factor que todos los socios deberían tener en sintonía: las motivaciones. No digo que tengan que ser exactamente las mismas, pero sí al menos estar en sintonía.

Me acuerdo muchísimo de un caso de dos socios que crearon un software de contabilidad online. Vamos, un programa de gestión de facturas de los típicos, enfocados a pymes españolas. Ambos estaban muy motivados, pero por distintas causas.

Uno se movía puramente por razones económicas. Quería monetizar el negocio lo antes posible, ya que estaba sin trabajo y hacía varios meses que se le había acabado el paro, con lo que no tenía ingresos.

Su socio, aunque estaba igual de motivado, no tenía la misma necesidad. Este era autónomo y seguía teniendo sus ingresos. Su motivación era de otra naturaleza: tan solo estaba disfrutando con el proyecto en sí. Él era el responsable de la programación y el desarrollo técnico del proyecto y estaba encantado con ello, porque podía aprender muchas cosas que le servían para su trabajo como programador.

Así pues, fijémonos: tenían las mismas ganas de llevar adelante el proyecto, pero dos motivaciones del todo distintas. Eso hacía que también los caminos fueran distintos. Uno buscaba la «excelencia» en el servicio, lanzarlo con un nivel de calidad y acabado muy alto, mientras que al otro le valía con los mínimos, lo que ahora se llama «aproximación *lean startup*».

El proyecto no llegó a salir nunca y los dos socios acabaron a malas.

Y el caso es que ninguno de los dos era «el bueno» o «el malo». Ninguno de ellos tenía más razón que el otro. Las dos aproximaciones eran válidas. Ninguna estaba mal. Simplemente eran incompatibles.

Así pues, cuando busquéis un socio, aseguraos no solo de que compartís la misma visión, sino también las mismas motivaciones.

NIVEL

Y en tercer y último lugar, debemos buscar socios que se encuentren en el mismo punto del camino, con el mismo (o similar) nivel.

Con esto me refiero a que es mucho más fácil que funcione un proyecto con socios «análogos». Si, por ejemplo, uno de ellos tiene 25 años de experiencia que aportar al proyecto y el otro acaba de empezar, ese desajuste hará mella en ambos desde el primer momento.

Y eso ocurre incluso con experiencias de sectores muy distintos. Por ejemplo: supongamos que tenemos dos socios, Juan y Pedro, ambos con diez años de experiencia en marketing y en programación, respectivamente. Eso quiere decir que cada uno aportará los conocimientos de su sector y quedarán equilibrados.

Pero ahora, supongamos que Pedro trabaja como programador desde hace solo seis meses. Cierto es que el equilibrio de sectores está compensado (marketing y programación), pero al tener niveles tan dispares, antes o después algo va a fallar, ya que no podrán avanzar al mismo ritmo. Uno irá mucho más rápido con menos esfuerzo, mientras que al otro le costará horrores y los frutos serán mucho más escasos. Ese desequilibrio suele hacer que uno de los dos socios perciba que el otro «está trabajando menos» y eso, a largo plazo, acaba por romper el equipo.

Así pues, debemos aceptar los límites de cada uno y mencionarlos desde el primer momento, para que desde el principio se sepa lo que puede aportar cada cual.

En resumen: busca a alguien con tu mismo nivel. Asegúrate de que el trabajo que ambos podéis realizar quede compensado (aunque sean temas muy distintos) para evitar problemas en el futuro. Y esto precisamente nos lleva al siguiente punto.

Pacto de socios

El pacto de socios es un documento muy genérico en el que, básicamente, se resumen los deberes y derechos de los socios.

Ahí es donde, entre otras cosas, suele establecerse el papel de cada uno, los porcentajes, los posibles imprevistos (por ejemplo, qué pasa si uno quiere abandonar el proyecto o vender su parte, etc.). Vamos, que podemos ser tan generalistas o detallistas como queramos.

Este documento no está regulado por ninguna ley. Además, no requiere ningún requisito formal. No se debe inscribir en el Registro Mercantil ni ante ninguna otra autoridad pública. Aunque en algunos casos se firma ante notario para darle más relevancia.

Pero eso no es lo más importante en un pacto de socios. Lo importante de verdad es hacerlo. O sea, dedicar un rato a sentarse, pensar y escribirlo. Porque en muchas ocasiones, eso dará pie a posibles discusiones y debates sobre su contenido. En la mayoría de los casos hay muchas cosas que se dan por supuestas por alguna de las partes, pero no por la otra. Escribir ese documento eliminará posibles ambigüedades y malentendidos.

El pacto de socios debería estar bien definido, mejor cuanto más detallado. Tampoco hace falta escribir la Biblia en verso, pero intentemos no ser demasiado generalistas.

Recuerdo el caso de un grupo de cinco personas que querían lanzar un proyecto. Todos habían hecho un curso de marketing digital y aquel proyecto era el trabajo de fin de curso que habían presentado. Al acabar el máster, decidieron hacerlo realidad. Y contactaron conmigo para que los guiara en la estrategia.

En la primera sesión les puse «deberes» para realizar el estudio de mercado. Una de las cosas que tenían que hacer era buscar información sobre la competencia.

Fácil, ¿verdad? Pues no.

Resulta que cada uno de ellos entendió «buscar información» de una forma completamente distinta. Sí, cierto. Todos ellos entendían el concepto. Pero mientras que para uno era «veinte minutos mirando en Google», para otro era «tres días realizando comparativas con informes del Instituto Nacional de Estadística». Así pues, unos dedicaron jornadas enteras y otros un ratito mientras desayunaban.

Y todo era lo mismo: buscar información.

Así pues, deberíamos detallar la carga de trabajo de cada uno. Por ejemplo: dedicar media jornada a hacer trabajos de programación en la web o dedicar ocho horas al día a captación comercial. Eso no da pie a ningún malentendido y cada socio sabe lo que tendrá que hacer en caso de que se siga adelante.

Por otra parte, también es muy aconsejable rendir cuentas periódicamente. Ojo, tampoco estoy diciendo que tengamos que estar controlándonos los unos a los otros todo el tiempo, pero sí que está bien establecer reuniones periódicas para ver los avances realizados.

El objetivo de estas pequeñas reuniones (o *briefings* de diez minutos) es animaros los unos a los otros, llevar un cierto control y también que os exijáis entre vosotros. Si sabemos que tenemos una «minisesión de control», va a ser mucho más fácil que no nos durmamos en los laureles, ya que los socios ejercerán de *accountability partners*.

Antes de casaros, vivid juntos una temporada

Este consejo tan clásico que se suele dar a cualquier pareja, también es apropiado para los socios. No montéis ninguna empresa sin haber trabajado juntos antes. No emprendáis ningún gran proyecto sin haber trabajado juntos antes. No os caséis sin antes vivir juntos una temporada.

¿Quién dice que os vais a soportar los unos a los otros? ¿Quién dice que vais a estar a gusto? ¿Quién dice que os vais a sentir cómodos trabajando con esas personas? Hasta que no se prueba, no se sabe. Y no quiero causar alarma general. No tiene por qué pasar. ¡Quizá os llevéis estupendamente! Pero, por si acaso, primero probad.

¿Cómo?

Con un proyecto pequeño: un previo. Con una aproximación. Si, por ejemplo, queréis crear un servicio online (SaaS), empezad creando algo simple, como una web en la que se ofrezca una versión mucho más reducida de lo que tenéis en mente. Además de serviros como *inbound marketing* y ver la reacción del mercado, también será útil para tantearos el uno al otro. O si, por ejemplo, queréis lanzar un plugin para WordPress en el que basar un negocio, primero cread y lanzad una pequeña extensión gratuita. Ya habrá tiempo de casaros. De momento, «vivid en pecado» durante una temporada.

Gestión de conflictos

Otro punto clave que deberíais trabajar antes o después (mejor que sea lo antes posible) es la gestión de conflictos.

Por mucho que os queráis, por muy bien que os llevéis, por mucho que os atraigáis físicamente y por mucho que seáis los mejores amigos del alma, antes o después… surgirá un conflicto.

Es inevitable. Es imperativo. Es impepinable, vamos. Tienen que surgir conflictos. Por fuerza.

Pero, ojo, que «lo importante» no es el conflicto en sí. Eso ya se da por hecho. Habrá conflictos seguro, pero eso no es malo. Es normal. La clave (que puede ser muy buena o muy mala) es la GESTIÓN de los mismos.

Una buena gestión del conflicto hace que este desaparezca de forma rápida y tan fácil como llegó. Una mala gestión del conflicto puede hacer que se enquiste y crezca hasta proporciones insostenibles. ESO es lo que deberíamos evitar. Ese efecto bola de nieve. Debemos pararlo cuanto antes.

Así pues, aunque parezca surrealista, sería aconsejable tener el primer conflicto lo antes posible. ¿Por qué? Porque haberlos los habrá. O sea, que cuanto antes veamos lo buenos que somos gestionándolos, mejor.

Cuando hablo de conflictos a veces parece que tiene que ser un GRAN conflicto, algo de vida o muerte. No, para nada. De hecho, esos son los más fáciles, porque deben solucionarse sí o sí.

Los difíciles son los «pequeños» conflictos.

Pequeños desacuerdos entre socios, pequeñas frustraciones por parte de uno de ellos, pequeños problemillas de comunicación... Esos son más peligrosos que un niño de cinco años aburrido.

¿Por qué?

¡Porque no se comunican! No se hablan. «Total, tampoco es tan importante... No vale la pena hablarlo... No quiero crear malos rollos...» Quedan ahí durante días, semanas, meses... Y cuanto más tiempo pasa, peor. Porque en esos casos ya no son tan pequeños, porque han ido haciendo cada vez más mella. Pero, claro, a esas alturas te dices: «¿Cómo voy a sacar ese tema ahora? ¿Cómo voy a decirle ahora que hace meses que no me gusta cómo hace no sé qué cosa?».

Así pues, en cuanto a los conflictos, lo mejor es atacarlos de raíz. En cuanto una rueda chirría, en cuanto algo del mecanismo falla, en cuanto se detecta un ruidito en el engranaje... Habladlo.

Pero, por favor, hacedlo de forma razonable, sin darle un tono sensacionalista ni dramático. Si es un pequeño ruidito, tratadlo como tal. Me refiero a que, en lugar de enfocarlo así: «¡TENEMOS QUE HABLAR! Tenemos un problema. Vamos a reunirnos con caras largas para hablar de lo mal que se está haciendo esto y lo disgustado que estoy con todo», mejor usar una aproximación más ligera, como: «Oye, Pepe, este punto de aquí no lo acabo de ver claro. ¿Lo podemos comentar? Creo que si lo hacemos de otra forma puede funcionar mejor».

Evidentemente, esto es una caricatura. Pero seguro que ya sabéis por dónde voy y tenéis en mente a algún conocido que gestiona los conflictos haciendo una montaña de un grano de arena. Simplemente debemos atacar el pequeño conflicto antes de que crezca, de forma abierta y con mentalidad abierta, pensando que vamos todos a una, con la misma visión y motivación. Si lo hacemos así, los conflictos nunca irán a más.

Y acabamos ya este capítulo con un último punto, técnica o recomendación.

Habla con alguien que lo haya hecho

Creedme: no hay nada mejor que hablar con gente que haya pasado ya por esa experiencia. Yo os podría decir misa, os podría poner mil ejemplos, podría escribir un libro entero sobre esto. Pero si tenéis a alguien cerca, alguien conocido, alguien de vuestros círculos que haya estado (o que incluso ahora esté) como socio en un proyecto o empresa, pedidle consejo.

Os aseguro que vale la pena. Ya veréis como lo tendrá clarísimo. ¿Por qué? Porque lo habrá vivido en sus propias carnes. Sobre todo si ha ido mal. Si ha tenido la suerte de que todo le haya ido bien, seguramente pensará, suspirará y os enumerará esos «roces» que ha podido tener a lo largo de su experiencia con socios. Pero si el tema acabó mal (o está yendo mal) ya veréis como su respuesta es inmediata.

O sea, que os pongo deberes. Si tenéis pensado buscar socios para montar vuestro proyecto, primero buscad entre vuestra familia y amigos alguien que ya lo haya hecho y preguntadle: «Si tuvieras que asociarte otra vez con una o varias personas, ¿qué tendrías en cuenta? ¿Qué valorarías más?».

Luego podréis hacerle caso o no (faltaría más), pero seguro que aprenderéis mucho.

Coworkings

Los *coworkings* están de moda. Oficinas compartidas donde varios emprendedores realizan su actividad. En España ya hay más de 1.500 centros y el crecimiento se mantiene año tras año. De hecho, es una idea de negocio muy interesante en un mercado en expansión, ¡así que tomad nota, emprendedores!

En fin, como iba diciendo, el *coworking* es un concepto muy simple, pero que abre muchísimas posibilidades.

Ventajas

Hay muchas razones por las que deberíamos emprender en un *coworking*, pero, una vez más, esto dependerá del contexto de cada persona. Repasemos las principales situaciones en las que una oficina compartida sería una buena decisión.

Conexiones

La más evidente y una de las primeras cosas que te mencionará quien te informe sobre el centro, si vas a visitar uno: las más que conocidas sinergias entre los integrantes del *coworking*.

La idea básica es simple: si en un mismo espacio se encuentran varios profesionales independientes, es mucho más fácil poder colaborar con ellos en proyectos multidisciplinares.

Por ejemplo: si eres un diseñador y en tu *coworking* (quizá incluso en la misma mesa) tienes a un programador, podéis formar equipo para ofrecer desarrollo web a medida, cosa que tú no podrías hacer solo como diseñador.

De hecho, es una estrategia que favorece a todos. Para empezar a ti, porque podrás ofrecer un catálogo más amplio de servicios. En segundo lugar al programador, que puede captar clientes «de rebote», solo por estar ahí. Y finalmente, también al cliente, que tendrá a dos profesionales especialistas en distintos campos trabajando en ese proyecto, en lugar de uno solo que quiera abarcar demasiado.

Del mismo modo, quizá en ese mismo *coworking* haya un comercial que pueda estar interesado en vender vuestros servicios. Ahí ya tendríamos un equipo bastante completo.

En muchas ocasiones, incluso se da juego al trueque: el diseñador le hace un diseño web al programador que, a cambio, maqueta la web del comercial y este, a cambio, le capta un par de clientes al diseñador. Todo el mundo gana en este tipo de sinergias.

Es evidente que estos solo son ejemplos simples, pero os permitirán tener una idea de lo que se puede llegar a hacer. Además, otra ventaja de trabajar en el mismo centro es que es probable que los hayas visto trabajar con anterioridad y sepas cómo se desenvuelven profesionalmente. Así podrás valorar si encajan con tu manera de ser y trabajar. Esto es mucho más seguro que empezar a colaborar con alguien que no conoces y que no sabes cómo es personal ni profesionalmente.

Y si no te atreves a dar ese primer paso para acercarte a nadie, no te preocupes, porque hay (o debería haber) una figura clave en todo *coworking*. El gestor. Él se encargará, entre otras cosas, de establecer todas estas conexiones, hacer las presentaciones y los contactos pertinentes, y de dinamizar el grupo. Luego hablaré más a fondo de este rol.

Así pues, queda claro que las sinergias son una de las grandes ventajas de estar en uno de estos centros, sin ninguna duda. Pero hay más.

AMBIENTE DE TRABAJO

Otro punto clave en un *coworking* es el ambiente de trabajo. Recuerda mucho al de una empresa, pero en lugar de tener compañeros de trabajo tienes compañeros profesionales.

Lo interesante de esta diferencia es que no vas a encontrar a ningún «trepa», no vas a tener conflictos ni broncas con jefes. Todos los miembros de un *coworking* están ahí porque quieren. Nadie los obliga y cada cual trabaja en lo suyo para ganarse la vida, pero sin estar solos. Así pues, si en algún momento se propone algún acuerdo o colaboración puntual entre varios, es para que todos salgan beneficiados.

En todo caso, es lógico que en un ambiente laboral se trabaje más y mejor.

Un centro de *coworking* es un entorno óptimo para aprender de lo bueno y de lo malo de cada uno, para encontrar alguien que nos pueda ayudar (o a quien ayudar), alguien con quien podamos lanzar un nuevo proyecto o incluso alguien con quien invertir en un nuevo negocio.

NO TRABAJAR EN CASA

En muchas ocasiones, cuando alguien empieza a emprender lo hace desde casa. Precisamente porque está empezando y no tiene suficientes ingresos como para alquilar una oficina.

No tengo nada en contra de trabajar en casa. De hecho yo lo hago, ya lo he mencionado antes. Cuando monté mi negocio nos mudamos a un piso más grande con una habitación más, que convertí en mi oficina. Y llevo ya muchos años trabajando así. Pero ese es mi caso. Y como ya he dicho en varias ocasiones, no vale aplicar la misma solución a cada caso.

En ocasiones trabajar en casa puede ser una muy mala decisión.

Recuerdo un caso en el que un colaborador mío trabajaba desde casa. Es programador, así que solo necesita acceso a internet y un ordenador. Nada más. Un empleo estupendo para trabajar en casa, ¿verdad?

Pero el hecho de trabajar en casa le suponía una pérdida de productividad enorme. ¿Por qué? Por las infinitas interrupciones que no se habrían dado en una oficina.

Desde dejar de trabajar para ir a la cocina a picar algo, encender la tele a ver qué echan o ir a comprar algo al supermercado a media mañana. Perdía una hora cada día porque al quedarse, se hacía la comida para él y para su hija mayor, a la que iba a buscar al colegio al mediodía. La devolvía al cabo de dos horas e iba a buscarla de nuevo al cabo de dos más. Y por las tardes, trabajaba en casa con esa hija y su otro hijo, más pequeño.

Dejadme que os diga algo: trabajar desde casa con dos niños no es la forma más eficiente de hacerlo. Las interrupciones son continuas, no puedes hacer llamadas o videoconferencias con tranquilidad y no te puedes concentrar. Al final, no puedes estar ni en una cosa ni en la otra: ni estás rindiendo tanto como podrías ni les estás dedicando la atención necesaria a los peques.

Así que al final se animó a apuntarse a un *coworking*.

Los resultados fueron extremadamente positivos. Las jornadas le cundían muchísimo más, ya que aparte de no tener la tentación constante de la nevera de casa, ya no tenía que ir a buscar a su hija al colegio: la apuntaron a media pensión y a una actividad extraescolar.

Algunos (de forma acertada) diréis que eso también lo podría haber hecho sin ir a un *coworking*. Por supuesto. Pero en la práctica, si estás trabajando en casa es muy difícil justificar esas acciones, porque «ya que estás en casa» puedes hacerlas. En cambio, si estás trabajando fuera, queda mucho más justificado «moralmente» apuntar a los hijos al comedor y a extraescolares. Así son las cosas.

Lo que tenemos que entender es que «emprender desde casa» TAMBIÉN es un trabajo. Pero eso es muy difícil de llevar a la práctica.

TIENES UN HORARIO

Otro punto clave es el horario. Si vas a trabajar a una oficina, aunque sea un *coworking*, vas con el chip de ir al trabajo. Y eso es muy importante, porque si vas al trabajo, habrá un momento de ¡volver a casa! Y eso se llama «horario». Y eso se llama «jornada laboral». Y eso se llama «coherencia».

En cambio, cuando estás en casa, esa fina línea entre ocio y negocio es tan fina que en ocasiones se traspasa. Y durante la jornada de trabajo acabas haciendo tareas personales. O peor. Durante tu tiempo de ocio acabas trabajando, como hemos visto con el síndrome de Peter Parker.

Es muy difícil y requiere de un autocontrol muy estricto cumplir un horario sin interrupciones cuando trabajas desde casa.

Yo soy adicto al trabajo. Lo sé y lo acepto. Trabajo de lunes a domingo y como mínimo doce horas, como cuento en mi curso de productividad. En ocasiones, incluso más. Y el hecho de trabajar desde casa no ayuda en absoluto. Al contrario.

Al tener el ordenador a mi alcance en todo momento, me es muy fácil pensar «voy a ver si tengo algún correo» después de cenar, o durante el fin de semana caer en que «si dedico una hora más a ese proyecto, lo acabaré y así el lunes ya lo tendré hecho».

Y claro, ¿qué ocurre? Que te encuentras a ti mismo trabajando 18 horas diarias los siete días de la semana, sin vacaciones y robando horas y minutos que le corresponden a tu familia. Una vez más, Peter Parker.

Así pues, ver el *coworking* como la oficina donde trabajarías por cuenta ajena, ayuda muchísimo a ser más cumplidor y estricto con tus horarios.

El papel del gestor

Si estás valorando emprender en un *coworking*, sobre todo pregunta por el papel del gestor. Asegúrate de que tengan uno y de sus funciones.

Para ir bien, el gestor debería trabajar a tiempo completo en el *coworking* y su objetivo debería ser que todos los miembros se conozcan: favorecer el buen clima, dinamizar el centro y ofrecer información de interés a todos los usuarios.

El gestor puede hacer que un *coworking* sea un éxito o un fracaso. Debe ser proactivo, vivo y perspicaz. Un *coworking* sin gestor son solo cuatro paredes con conexión a internet.

Ese elemento es clave. Fijémonos en que, si bien es cierto que el «autocontrol» sobre el horario de trabajo lo podríamos llegar a conseguir en casa con mucha disciplina, lo que nunca podríamos lograr serían esos contactos profesionales, esa formación de interés y, sobre todo, ese entorno colaborativo.

Así pues, cuando te informes, pregunta por el gestor. Es el que marcará la diferencia.

Inconvenientes

Pero no es oro todo lo que reluce y los *coworkings* pueden no ser la solución perfecta en ciertos casos. Y aunque no sean grandes inconvenientes, debéis valorarlos para ver si sois compatibles con ellos.

El primero es el ruido (o silencio), según se mire. Si para trabajar necesitáis silencio, puede que un *coworking* no os sirva, especialmente si estáis en la zona de espacio compartido. Habrá más gente hablando, llamando y trabajando. Y no todos son silenciosos, sobre todo durante reuniones y *brainstormings*.

Por otra parte, también puede ocurrir lo contrario. Por ejemplo, te puedes sentir cohibido si quieres llamar a un cliente para hablar de temas delicados delante del resto de las personas. Siempre puedes salir fuera, pero no es muy cómodo si tienes que ir consultando el ordenador o internet.

O te pueden pasar ambas cosas. Por ejemplo, mi caso. En mi

despacho grabo mi podcast y necesito silencio y hablar alto. Sería imposible grabarlo en un *coworking*, porque el ruido de los demás me molestaría a mí y mi voz molestaría a todos los demás.

Cierto es que algunos *coworkings* tienen la posibilidad de alquilar un despacho propio, con lo que, si bien es verdad que el precio será más alto, también solucionarás estos inconvenientes.

Por otra parte, recuerda que trabajar en un *coworking* implica estar rodeado de gente. Si prefieres trabajar solo, sin interrupciones y sin distracciones, puede ser que te moleste estar toda la jornada rodeado de otras personas. De ahí que en muchas ocasiones muchos miembros de un *coworking* trabajen con auriculares escuchando música.

Consejo final

Si estás pensando en entrar en un *coworking*, pregunta primero. Y no me refiero a preguntar a los propietarios del centro de *coworking* (que evidentemente te hablarán muy bien de él), sino a otras personas.

Por ejemplo, a los propios miembros del *coworking*. Cuando hagas la visita al centro, pídeles su tarjeta de visita y luego envíales un correo preguntando sobre el centro. ¡Ellos serán mucho más críticos y objetivos que los propios gestores!

Y por otra parte, pregunta también en LinkedIn. Tanto en tus círculos y conexiones como a los que veas que están trabajando en ese *coworking*. Verás cómo la mayoría responden encantados cuando pides ayuda y consejo. Además, aparte de su opinión, también conseguirás algunos contactos extra.

Finalmente, y en última instancia, puedes probarlo. Muchos de estos centros te permiten comprar bonos por horas. Compra el pack más básico y trabaja ahí durante una semana. Así verás perfectamente si se adapta a lo que quieres.

Mastermind groups

Llegamos ahora a uno de mis temas favoritos. Quizá uno de los que más me han ayudado desde que monté mi negocio y de los que más han ayudado también a mis clientes en los suyos. Los *mastermind groups.*

¿Qué es exactamente un *mastermind group*? Bien, pues es un grupo reducido de personas (suelen ser de tres a cinco) que se reúnen de forma periódica (por lo general cada quince días) para intercambiar y compartir experiencia y conocimientos.

Esa sería una definición para hacernos una idea rápida, ya que en realidad va un poco más allá de compartir experiencia. El *mastermind group* también incluye *brainstormings*, educación, rendimiento de cuentas y soporte mutuo.

Además, también hay una parte «activa». Los participantes deben retarse, proponerse objetivos los unos a los otros y conseguirlos.

No debemos confundir un *mastermind group* con una clase o una sesión de coaching, en la que existe la figura del «profesor» y el resto escucha. En estos grupos no destaca nadie en concreto, sino que destacan todos. Es cierto que, puntualmente, dependiendo del tema que se aborde, uno de los integrantes puede conocer o dominar un poco más, pero las aportaciones deberían ser lo más equilibradas posible.

Así pues, veamos cómo deberían ser los integrantes de ese grupo.

Miembros de un *mastermind group*

Encontrar las personas ideales para compartir un *mastermind group* es extremadamente difícil. Mucho. Es lo más difícil de todo, sin duda alguna. Más adelante, el proceso de las reuniones en sí puede ir mejorando y puliéndose, pero encontrar ese grupo para iniciar uno es muy complicado.

Como ya he dicho, lo óptimo sería contar con tres o cuatro personas, máximo cinco. Y aunque puedan parecer pocas, creedme: dar con cuatro personas «ideales» es dificilísimo. Porque no vale cualquiera.

Pensemos que esas personas tienen que entregarse al grupo, ser responsables, compartir información confidencial, dar y recibir ideas y, sobre todo, ayudar al resto del grupo. Esa es la esencia.

Deben ser personas que estén en sintonía, con ciertas similitudes entre ellas.

Del mismo modo que en el capítulo de socios destacábamos que fuesen personas en el mismo punto del camino, con el mismo nivel de experiencia, en este caso ocurre lo mismo. El grupo debe estar equilibrado para que todos puedan aprender del resto. Si hubiera un desequilibrio en este sentido, siempre habría algunos que aprenderían mucho y otros que solo perderían el tiempo. Así pues, debemos asegurarnos de que está compensado, valorando factores como los años de experiencia en el sector o el recorrido profesional.

Por ejemplo, imaginemos un *mastermind group* de tres vendedores profesionales. Si dos de ellos hace solo un par de años que se dedican a ello y el tercero tiene una experiencia de más de quince años, el grupo quedará totalmente descompensado y acabará convirtiéndose en una clase magistral del más veterano a los dos discípulos.

Y eso NUNCA debe ser así. En estos grupos no debe destacar nadie. Todos deben tener el mismo peso en cada sesión. No hay un «crack». Todos deben estar a la par.

Fijémonos: si quitamos al veterano del grupo, dejando solamente a los dos «junior», aunque *a priori* parezca que no van a poder sacarle todo el provecho, en realidad no es así. Al estar en sintonía y tener el mismo recorrido y experiencia, podrán crecer juntos como profesionales. ¡Y de eso va el *mastermind group*! Si nos damos cuenta de que tenemos demasiado nivel o muy poco, debemos dejar ese grupo y buscar otro en el que encajemos.

Experiencia aparte, los participantes deberían tener un eje común para aprovechar al máximo las sesiones. Por ejemplo: tiene mucho más sentido un grupo compuesto por cuatro comerciales, que uno donde haya un diseñador de una gran empresa, un programador de una pyme, un director comercial y un ingeniero freelance. Los primeros tendrán muchos más temas que poner en común, mientras que a los otros cuatro les costará más encontrar ese nexo.

Aunque, ojo, porque, en ocasiones, hay factores comunes que no se aprecian a simple vista. Si, por ejemplo, los cuatro fuesen autónomos que ejercen por su cuenta (aunque sea en profesiones distintas), ya habríamos encontrado el denominador común. De repente, ya tendríamos un *mastermind group* de profesionales autónomos. Y ahí sí que hay muchísimos temas a tratar. Desde la captación de clientes hasta los programas de facturación, pasando por las colaboraciones con otras personas, las estrategias de precios, etc.

Fijémonos en que una de las claves de estos grupos es que los conocimientos se complementen entre sí, para elegir lo mejor de cada uno y así crecer. Y este punto es, de hecho, la principal característica. Analicémosla.

Intercambio de experiencias y conocimientos

Se dice que cuatro ojos ven más que dos. Del mismo modo, podemos decir que cuatro cabezas piensan más que una. Y cuatro cabezas con experiencia mucho mejor aún.

Al abordar cualquier temática en un *mastermind group*, todos los miembros se van a poder beneficiar de las experiencias del resto.

Pongamos un ejemplo fácil: las condiciones de pago de los clientes. En el *mastermind group* se lanza la pregunta: «¿Cómo lo hacemos?». Y cada miembro del grupo expone su sistema:

- Uno de ellos cobra a 30 días, una vez que ha finalizado el proyecto.
- El otro cobra el 50% por adelantado y el 50% al final.
- El tercero lo cobra todo por anticipado.
- El último divide el proyecto y lo cobra por fases.

A partir de ahí, cada uno cuenta los pros y los contras de su método. Comparte su experiencia con el resto del grupo y lo que es más importante: no se queda en la pura teoría que podríamos aprender en clase, sino que se habla con conocimiento de causa, contando qué problemas (y alegrías) le está dando ese sistema.

Como todos lo compartirán, todo el grupo va a aprender esas distintas formas de hacer las cosas y todos ellos podrán optar por «la mejor». Y lo escribo entre comillas porque, en realidad, no hay una mejor en general, pero sí una para cada caso. Así pues, quizá dos de ellos van a ver la luz con una de las soluciones, mientras que los otros dos preferirán una distinta.

A medida que se hace lo mismo con más temas, el grupo puede ir seleccionando «lo mejor de cada uno», de forma que al final todos habrán mejorado en algo.

Privacidad y confidencialidad

En estas sesiones se comparte toda la información necesaria. Y cuando digo «toda» me refiero a toda. Números, ingresos, pérdidas, clientes, sueldos, comisiones, márgenes, deudas, deudores, financiación... ¡Todo!

Es una condición indispensable. Si los participantes empiezan a ocultarse datos los unos a los otros y a guardar secretos, el *master-*

mind group se convierte en una gran pérdida de tiempo. Como ya hemos dicho, se debe compartir y recibir la información de todo el grupo.

¿Verdad que como miembros os gustaría saber cuánto están facturando el resto de los participantes? ¡Claro que sí! De esta forma os podéis hacer una idea de a quién le va mejor, a quién le va peor, quién tiene menos problemas de tesorería, quién tiene más margen… Así podéis aplicar las técnicas de los mejores. Incluso algo tan privado como los sueldos. ¿Verdad que te gustaría saber si estás cobrando poco o mucho en comparación con el resto? Pues tú debes ser el primero en decir el tuyo.

Así pues, cuando seleccionemos a las personas ideales para llevar a cabo este *mastermind group*, debemos pensar también en gente íntegra y de confianza con la que no tengamos ningún problema en compartir todos estos puntos.

En CADA sesión habrá un momento en el que cada participante tendrá que hablar de sus dificultades, de sus planes y objetivos. Una vez más, fijémonos en que esto lo diferencia de una «clase» en la que uno habla y el resto escucha. En un *mastermind group*, todo el mundo tiene su momento; todo el mundo habla.

Objetivos y rendir cuentas

¡Llegamos a mi punto favorito sin lugar a dudas! Esto es lo que realmente marca la diferencia y donde vemos el PODER REAL de los *mastermind groups*.

Aparte de compartir experiencias, conocimientos y números, que es algo más pasivo, que cada uno absorbe y aplica según vea conveniente, entramos ahora en la parte más activa que hará que realmente movamos ficha y no nos quedemos «pasivos» sin llegar a hacer nada.

Para empezar, en cada sesión del *mastermind* se van a establecer objetivos para cada uno de los miembros del grupo. Evidentemente, esos objetivos o «deberes», si queremos llamarlos así, dependerán de lo que se haya hablado en esa sesión.

Por ejemplo, imaginemos que en la sesión se ha hablado de formas de captación comercial. Cada uno ha compartido sus técnicas, sus puntos fuertes, sus dificultades, etc. Y uno de los miembros dice que tiene especiales dificultades para captar clientes, porque le da vergüenza o se siente violento haciendo las captaciones. En ese caso, sus deberes podrían ser «completar diez acciones de captación para la próxima sesión».

Y no son objetivos o deberes opcionales. Son obligatorios. Se tienen que hacer sí o sí. Y tendremos que demostrar que los hemos hecho, en este caso mostrando fichas de esos clientes y contando la experiencia.

Quizá otro día se hable de la importancia de tener un blog. ¿Deberes? Lanzar el blog y escribir cinco artículos.

¿Hablamos de estrategias de precios? Deberes: en la próxima sesión, los nuevos precios encima de la mesa.

Y os diré algo: si no se han hecho los deberes, esa persona no debe seguir en el *mastermind group*, porque lo va a convertir en una pérdida de tiempo para el resto de los participantes.

A ver, tampoco estoy diciendo que echéis a nadie a la primera de cambio, pero deberíais llevar un registro de quién está cumpliendo y quién no. Porque eso es lo que diferencia un buen grupo que hace avanzar a sus miembros de uno que les hace perder un buen rato cada dos semanas.

Notemos que exigirse esos deberes ejerce PRESIÓN sobre los participantes. ¡Ojo, tampoco vayamos a crear estrés! Pero si tú le exiges algo al resto del grupo, es normal que luego te sientas obligado a hacer tu parte, porque ellos vendrán con los deberes hechos.

Moderador

Finalmente, un inciso: aunque no haya ningún mentor o profesor, sí que suele haber un moderador. Esa persona debe marcar un poco los tiempos de cada sesión, para evitar que uno cobre demasiado protagonismo o que otro quede apagado en un rincón.

Esa persona debería ser uno de los integrantes del grupo, ya que no tendría ningún sentido tener ahí a alguien que no comparta también su información. Pero su papel simplemente será dar paso a los puntos del día para poner un poco de orden. En ningún caso acaparar más protagonismo.

Suele ser una buena práctica cambiar esta persona en cada sesión, de forma que se vaya rotando el puesto. Así todos aprenden a moderar y el grupo en sí se hace más consciente del ritmo de las sesiones.

Para ayudar al moderador debería establecerse una pequeña pauta a seguir, del estilo:

- Bienvenida (x minutos).
- Deberes de la última sesión (x minutos).
- Tema del día (x minutos).
- *Brainstorming* (x minutos).
- Retos y objetivos de cada uno (x minutos).
- Deberes para la próxima sesión (x minutos).

Esto es una simplificación y los tiempos dependerán de cada caso, pero os puede servir de base.

Últimas consideraciones

Os lo digo de nuevo: un buen *mastermind group* (bueno de verdad) puede cambiaros la vida. Podéis mejorar muchísimo tanto a nivel profesional como a nivel personal en muy poco tiempo.

Pensad que los que se unen a estos grupos están ahí porque quieren mejorar y ayudar a mejorar. A diferencia de lo que ocurre con un jefe, aquí los otros no te exigen hacer las cosas para salir ganando ellos mismos, sino para que salgas ganando tú.

Es mucho más efectivo porque no puedes pensar ni decir que «el jefe solo piensa en él» o «el jefe me dice esto porque quiere ingresar más o porque mira por sus intereses». Aquí se te exige solo por TUS intereses.

Un *mastermind group* es como tener una junta de accionistas, un jefe, un consultor y varios mentores... todo en uno.

Y encima, gratis.

Mentores

Llegamos a un punto muy interesante: los mentores. Creedme: si todo emprendedor tuviera un mentor, la tasa de éxito de nuevas *startups* pasaría del 10% al 90%, sin duda alguna.

Pero empecemos por el principio... ¿Qué es un mentor? Bien, pues se trata ni más ni menos de una persona que ayuda, aconseja o guía a otra.

Una relación de «mentoría» consiste en que una persona más experimentada o con mayor conocimiento (mentor) ayude a otra menos experimentada o con menor conocimiento (aprendiz o protegido).

Esta mentoría suele ser informal debido a la confianza que el mentor tiene con el aprendiz. Y cuando digo «informal», me refiero a que en muchas ocasiones un mentor puede ser alguien con quien vas a tomar un café y le haces algunas preguntas o le pides consejo cuando tienes que tomar una decisión importante.

En el mundo de los emprendedores, los temas típicos que suele tratar un mentor con su aprendiz son los que hemos estado hablando (y que hablaremos) en este libro: modelo de negocio, producto, clientes, equipos, financiación, etc.

El mentor también puede guiarte por atajos que desconoces, presentarte a personas influyentes o incluso darte un cierto prestigio o relevancia en tu sector.

En principio suena genial, ¿verdad? Y realmente lo es. Tan genial como difícil es encontrar uno.

Principal dificultad: encontrar uno

En este caso, la dificultad es bidireccional. Es difícil encontrar un buen mentor y es difícil encontrar un buen aprendiz.

¿Por qué es difícil encontrar un buen mentor? Simplemente porque hay muy poca gente que tenga tiempo y ganas de hacerlo y que, además, sirva para ello. Es pura oferta y demanda.

Los grandes expertos y especialistas suelen tener agendas ocupadísimas y milimetradas, porque su tiempo vale mucho dinero. Así pues, rara es la ocasión en la que alguno de ellos decide ceder su tiempo desinteresadamente para ayudar a alguien. Y si lo hicieran, estarían limitados a hacerlo con una o dos personas como mucho, porque sería imposible escalarlo a muchas.

¿Por qué es difícil encontrar un aprendiz? Porque hoy en día hay muy poca gente que se comprometa. La gran mayoría deja los proyectos, sueños y objetivos a medias.

Si el mentor se compromete a ser un compañero de viaje, también debe hacerlo el aprendiz. ¡Y con más razón! Pues está ocupando el tiempo de ese mentor, que al fin y al cabo le ayuda sin ningún tipo de contraprestación.

Eso hace que muchas relaciones de mentoría se abandonen y que los mentores acaben quemados, sin ganas de tener más aprendices, porque sienten que han estado perdiendo el tiempo y cierran la puerta a repetir en un futuro.

Para que nos hagamos una idea del tipo de relación que se establece, es parecida a lo que antes eran los gremios, de los que ya hemos hablado. Los maestros traspasaban sus conocimientos y experiencia a los aprendices, y estos incluso trabajaban juntos. Como ya os comentaba, hoy en día este sistema ha desaparecido de la cultura occidental, con excepción de algunas empresas familiares.

También es bastante normal que pequeños empresarios den la posibilidad a sus hijos de trabajar en la empresa familiar. No entraré a valorar si eso es algo más o menos aconsejable, pero el caso es que ocurre. Y la figura del hijo trabajando al lado del padre para aprender lo máximo, hasta que este se jubila y le pasa el relevo, es bastante usual.

Pero en lugar de vínculos gremiales o familiares, en este caso el vínculo es la voluntad de querer enseñar y de querer aprender. No hace falta ser del gremio ni de la familia. Solo tener ganas de enseñar y de aprender.

¿Cómo encontrar un mentor?

Bien, es una pregunta difícil. Empecemos diciendo cómo NO encontrar un mentor.

Nunca intentéis encontrar un mentor preguntándole a alguien: «¿Quieres ser mi mentor?». Eso no funciona así. Para empezar, esa pregunta es demasiado vaga y ambigua. Si apenas nadie sabe exactamente cómo definir un mentor, imaginad lo que supone aceptar tal responsabilidad.

Así pues, la mejor aproximación sería la de «dar antes de pedir». Piensa en qué cosas puede valorar esa persona antes de pedirle algo. Quizá le puedas invitar un día a tomar un café, hacerle saber que le conoces y que te gusta su trabajo. O simplemente, contestar sus preguntas en las redes sociales o hacer aportaciones interesantes en su blog.

Importante: no estoy diciendo que le hagas la pelota a nadie. Solo que si quieres empezar una relación con buen pie, no deberías empezar pidiendo a puerta fría. Es mucho más fácil empezar si te reconoce como una persona que, de alguna forma, ha contribuido positivamente a su causa.

Eso no siempre funcionará. A veces hay gente que, simplemente, no encaja. Si tienes esa sensación, no lo fuerces: déjalo pasar y busca otro. La relación debe fluir por sí sola.

Sé que esto es un poco complejo, así que vamos a hacer un paralelismo que os ayudará a entenderlo muchísimo mejor: un noviazgo. Imagina que hay una persona que te gusta, física e intelectualmente. La conoces, sabes cómo es, cómo se comporta y te estás enamorando. Pero ella no te conoce, nunca ha oído hablar de ti.

¿Crees que sería muy apropiado acercarte a ella y preguntarle si quiere ser tu novia (o novio)? Así, en frío. No, ¿verdad?

Pues esto sería exactamente lo mismo que ir y pedirle a alguien que no te conoce si quiere ser tu mentor. ¿Cómo va a aceptar algo así?

Antes de proponerle a una persona que sea tu pareja debes dar pequeños pasos, acercarte a ella, dejarte ver, ser amable, ayudar, mostrar tus cualidades, etc. Bueno, ya sabéis a lo que me refiero. Esto existe desde el principio de los tiempos, es ley de vida.

Pues, salvando las distancias, con un mentor es parecido. Evidentemente, el nivel de compromiso no es tan elevado: no vas a tener hijos con tu mentor (vamos, en principio no es lo normal), pero sí que hay cierto nivel de implicación.

Por tanto, para encontrar un buen mentor, empieza buscando entre la gente de tus círculos cercanos. Alguien a quien admires y que te inspire confianza. Gente que ya te conozca, que sepa el potencial que tienes y que pueda confiar en ti.

Si te pones a contactar con gente famosa o popular, lo más seguro es que te digan que no. Primero, porque deben de estar ocupados a dos años vista, y segundo, porque recibirán solicitudes parecidas cada dos por tres. ¡Y encima, ni te conocen!

Pero si no localizas a nadie en tus círculos de quien creas que puedes aprender, empieza a buscar, a interactuar y a llamar la atención de ese que sigues a través de su web. Síguele en redes sociales, comenta sus actualizaciones de estado e incluso mantén debates con él en foros de discusión sobre temas de vuestro sector.

Si actúas de esa forma, gradualmente esa persona empezará a reconocerte y luego a interesarse por ti. Y el día que eso pase y mire tu página web o tu perfil de LinkedIn, debe ver que eres alguien con potencial y que tienes tu propia voz.

En definitiva, debes ponerte en su lugar. Imagina que fueras esa persona. Con ese éxito, con esos conocimientos, con esa experiencia, ¿qué buscarías en un aprendiz? Y actúa en consecuencia.

III
El día a día: Lánzate

Modelo de negocio

Vas a necesitar uno. No hay vuelta de hoja. No me voy a poner muy técnico, pero si quieres emprender necesitas un modelo de negocio.

Hay libros enteros dedicados a ello, pero ya sabéis que mi intención no es entrar en detalles demasiado específicos, sino señalaros aquellas cosas imprescindibles que debéis tener en cuenta, para no ir «descubriendo» estos temas a salto de mata. Así pues, vamos allá.

Hay varios tipos de análisis del modelo de negocio, pero uno de los más utilizados y de los que vais a encontrar más información es el llamado modelo «Canvas». Es muy popular porque es muy simple, aquí lo tenemos:

Socios clave	Actividades clave	Propuestas de valor	Relaciones con clientes	Segmentos de cliente
	Recursos clave		Relaciones con clientes	
Estructura de costes		Fuente de ingresos		

Lo veréis siempre dispuesto así, en este formato de recuadros que especifican los aspectos más importantes de un negocio, los que deberíamos tener más claros. En realidad, no haría falta distribuirlo así, pero en todo caso hagamos un repaso de cada uno de ellos.

Socios clave

Aunque hablemos de «socios», no hace falta que nos lo tomemos literalmente como socios de la empresa. Aquí podemos incluir también proveedores clave o incluso fichajes estrella.

En este punto deberíamos responder a las preguntas: «¿Qué nos darán?» y «¿Qué harán por nuestro negocio?».

Imaginemos que vamos a importar un producto muy singular de otro país, que no está a la venta en el nuestro, y hemos conseguido la exclusividad, de forma que no lo va a poder importar nadie más. Ahí tendríamos un proveedor clave y la respuesta sería clara: «Nos suministrará un producto en exclusiva que solo nosotros tendremos a la venta en nuestro país».

En otras ocasiones podríamos estar hablando de socios clave. Supongamos que queremos hacer una aplicación web y nos asociamos con un programador con mucha experiencia en este tipo de desarrollos. Será, evidentemente un socio clave que «aportará todo el conocimiento necesario para desarrollar la aplicación web en la que se basará el negocio».

Es obvio que los socios clave son vitales en ambos casos. A este tipo de socios siempre hay que motivarlos y asegurarnos su fiabilidad y lealtad, ya que sin ellos el negocio se hundiría.

Actividades clave

A continuación toca definir las actividades que tenemos que llevar a cabo. Estoy hablando de las actividades imprescindibles para que el proyecto funcione. Estas son las que generarán la «propuesta de valor» que hacemos.

Por ejemplo: imaginemos que vamos a montar un negocio de camisas modernas de alta calidad. Una actividad clave sería identificar las tendencias de moda, para ir definiendo el catálogo. Eso lo podemos externalizar, y es clave porque nuestra propuesta habla de camisas modernas.

Al tratarse de un producto exclusivo, el diseño también sería una actividad clave. No podemos encargarlo «fuera», ya que es uno de los puntos fuertes en los que basaremos el negocio. ¿Qué sentido tendría que lo hiciera otro?

Luego está el asunto de la producción. En este caso debemos valorarlo: ¿queremos o debemos hacerlo nosotros? Una vez más, dependerá de la propuesta de valor. Si en nuestro posicionamiento de marca hemos transmitido que serán camisas de producción propia, es más que obligado. Si en cambio no hemos mencionado ese punto, se podría realizar la producción en otro país sin ningún tipo de problema.

Finalmente, la distribución y pedidos. ¿Lo vamos a vender nosotros o lo venderán los distribuidores? En función de la propuesta decidiremos si esta es una actividad clave o si se puede externalizar.

Es decir, en este apartado colocaremos las actividades imprescindibles que tendremos que llevar a cabo nosotros para el correcto funcionamiento del negocio.

Recursos clave

Llegamos ahora al tercer punto del bloque. Hemos visto a QUIÉN necesitamos, hemos visto QUÉ tenemos que hacer y ahora veremos CON QUÉ vamos a hacerlo: los recursos.

Aquí deberíamos responder a la pregunta: «¿Qué necesitamos?». ¿Financiación, quizá? ¿Conseguir los derechos de distribución, tal vez?

Por ejemplo: imaginemos que vamos a montar una cafetería-librería en el centro de la ciudad. Los recursos clave serían el propio local, un stock mínimo de libros para vender, personal con conocimientos bibliográficos, camareros, licencia de salida de humos, etc.

Aquí debemos hacer mención de todos los recursos. Tanto los económicos como los humanos e incluso los legales.

Propuesta de valor

Y aquí tenemos el pilar fundamental (por eso lo han colocado en el centro). De ello depende todo lo demás. Estamos hablando de la propuesta que hacemos a nuestros clientes. Esto es, sin duda alguna, lo más importante de todo el modelo.

Debemos responder a las preguntas: «¿Qué valor ofrecemos?» y «¿Qué necesidad cubrimos?». Es el ABC del marketing.

Pero esto empieza a sonar demasiado ambiguo y conceptual. Bajemos de nuevo a la Tierra y pongamos un ejemplo para perder el miedo a esas palabrejas.

En este caso, un ejemplo que conozco bien: mis cursos. Cierto es que el producto en sí son «videocursos guiados a tiempo real para aprender marketing online y desarrollo web». Pero debemos ir un poco más allá.

Por ejemplo: podemos decir que, en realidad, estoy ofreciendo «educación asequible, cubriendo la necesidad de aquellas personas que quieren aprender pero no disponen de suficientes recursos económicos para pagar cursos de alto precio».

¿Os dais cuenta de la diferencia? En el momento en que tenemos clara la necesidad que cubrimos, podemos ver si el producto o servicio es el apropiado para ella.

Esos cursos ofrecen «formación práctica», pues hay una gran necesidad en el mercado por parte de gente que demanda conocimientos útiles que aplicar de forma rápida. No quieren tener que pasar por semanas, meses o incluso años de estudio para empezar a aplicar lo aprendido. No quieren conceptos que nunca van a usar o asignaturas de relleno que solo sirven para justificar el precio de esos estudios. Quieren algo práctico, eficiente y eficaz. Esa es su necesidad.

Y esa es mi propuesta de valor. Educación asequible y práctica.

Fijaos en cómo cambia la perspectiva, cómo el hecho de conocer tu propuesta de valor hace que cada vez conozcas mejor tu propio proyecto y puedas resolver cualquier duda acerca de qué dirección debe tomar. De esta forma, si te surge una cuestión a nivel estratégico sobre el rumbo que debería seguir tu negocio, podrás responderla tú mismo sin dudar.

Relaciones con los clientes

Aquí definiremos el tipo de relación que queremos con nuestros clientes y cómo se llevará a cabo.

Una vez más, puede parecer que este punto no es tan importante, pero sí que lo es. En cuanto nos sentemos a definir estos detalles, nos daremos cuenta de su importancia real.

Por ejemplo: imaginemos que el contacto con nuestros clientes se mantendrá única y exclusivamente por email. Eso nos permitirá atender un alto número de peticiones diarias, tanto de soporte como dudas preventa.

En cambio, si optamos por un tipo de comunicación más directa y próxima, como podrían ser las videollamadas por Skype o incluso el teléfono, no podremos atender ni un 10% de esas peticiones, ya que nos llevará mucho más tiempo. O lo que es lo mismo, para atender las mismas peticiones, necesitaremos dedicar diez veces más tiempo.

Esto habrá que tenerlo en cuenta cuando elaboremos nuestro calendario de *time blocking*, tal y como hemos indicado en el capítulo sobre gestión de tiempo.

Evidentemente, el tipo de relación con el cliente y el canal dependerán de la naturaleza de nuestro negocio y de la filosofía que queramos establecer desde un principio. Y para eso hace falta saber a qué segmento nos estamos dirigiendo.

Segmentos de clientes

¿Y cómo es él? ¿En qué lugar se enamoró de ti? ¿De dónde es? ¿A qué dedica el tiempo libre? Como dice la canción de José Luis Perales, debemos conocer muy bien a nuestro cliente.

Este punto, en muchas ocasiones, se infravalora o incluso se pasa por alto porque no somos conscientes de su importancia. Pero saber cómo es nuestro cliente es vital.

No vale lanzar y «ya veremos quién nos compra», porque esa actitud nos llevará a tomar muchísimas decisiones incorrectas.

Imaginemos que queremos lanzar un negocio basado en la reparación de diferentes dispositivos móviles: smartphones, tablets y demás.

En ese caso, el mercado es muy amplio, ya que hay muchos perfiles a los que nos podemos dirigir. Para simplificarlo, podríamos reducirlo a dos:

- Usuarios novatos, que apenas saben usar lo más básico de estos dispositivos.
- Usuarios avanzados, conocedores de la tecnología, del software y del hardware que incluso, en ocasiones, los piratean o modifican.

Observemos que las necesidades de ambos grupos son muy distintas. A los primeros les podemos ofrecer un servicio técnico básico en el caso de que se les estropee algo, reparaciones o guías de aprendizaje para principiantes.

En cambio, los miembros del segundo grupo pueden estar más interesados en aprender a arreglarlo ellos mismos, en lugar de que se lo haga otra persona. A esos les podemos ofrecer tutoriales sobre cómo repararlo, kits de herramientas para desmontar los dispositivos o incluso software especializado.

¿Os dais cuenta de lo importante que es conocer a vuestro cliente? Os he puesto un ejemplo muy claro para que no quede duda, pero en ocasiones no se ve tan claro y podemos estar ofreciendo productos y servicios a un grupo de gente que no está nada interesada.

Pero imaginemos ahora que tenemos un blog sobre literatura con miles de seguidores y queremos ofrecer algún producto o servicio. Debemos saber en primer lugar qué es lo que les gusta. ¿Querrían un taller para aprender a escribir libros? Eso sería demasiado suponer. Quizá no les interese para nada. Quizá les podría interesar mucho más un curso de historia de la literatura o un club de lectura mensual.

Así pues, antes de lanzar ese producto que «creemos» que les gustará, debemos hacer un poco de trabajo de campo preguntándoles cómo son, en qué lugar se enamoraron de ti, de dónde son y a qué dedican el tiempo libre. ;)

Canales

Aquí hacemos referencia al canal de distribución. O sea, ¿cómo llegaremos a nuestros clientes?

En los negocios más tradicionales, esto hacía referencia básicamente al punto de venta. Solían ser distribuidores de nuestro producto, tiendas propias o, en los últimos tiempos, franquicias.

Por ejemplo, imaginemos que queremos lanzar un libro. Tendremos que estar en librerías, centros comerciales, papelerías o incluso supermercados, entre otros. Y llegaremos ahí a través de una empresa distribuidora que se encargará de colocarnos en todos esos puntos.

Pero, en la actualidad y gracias a internet, este panorama ha cambiado por completo. Aunque sigue existiendo, tenemos la alternativa de llegar directamente al consumidor.

El canal más clásico es a través de la propia web donde se ofrece el producto, pero cada vez tenemos más posibilidades: aplicaciones para dispositivos móviles, redes sociales, *marketplaces* como Amazon o Etsy, programas de afiliados para bloggers, etc.

Así pues, tenemos que decidir en qué canales nos vamos a basar y hacerlo considerando nuestros puntos fuertes, como hemos dicho en el capítulo sobre evaluación de negocios.

Si, por ejemplo, tenemos ya una gran comunidad de seguidores en el momento de montar nuestro negocio, seremos lo suficientemente fuertes como para vender directamente a través de nuestra web. Si por el contrario partimos de cero, habría que pensar en usar otros canales, como un *marketplace* o programas de afiliados.

En todo caso, este es uno de esos puntos que debemos considerar cuando nos sentemos a pensar sobre nuestro negocio, para evitar tener sorpresas desagradables cuando lo lancemos. Tenemos que ser muy realistas y aceptar nuestros límites para seleccionar una estrategia de canal de distribución coherente con ellos.

Estructura de costes

Pasamos ya a la parte inferior del modelo Canvas: costes e ingresos. Empecemos por los costes. Ya lo hemos visto en el capítulo de evaluación de ideas de negocio. Aquí respondemos a preguntas como:

- ¿Cuáles son nuestros costes más importantes?
- ¿Cuáles son los recursos más caros?
- ¿Tenemos un negocio de rotación o de margen?
- ¿Cuál es nuestro umbral de la rentabilidad?

Estas preguntas nos sirven, una vez más, para ver si hay coherencia entre todos los puntos de nuestro planteamiento.

Por ejemplo: si nos damos cuenta de que uno de los costes más importantes no está también en el apartado de «recursos clave», es totalmente incoherente.

Veámoslo regresando al negocio de camisas modernas. Después de hacer un desglose de gastos, nos damos cuenta de que el principal es el alquiler de un local en una calle peatonal comercial en el centro de la ciudad. Si no hemos considerado ese local como recurso clave porque sobre todo vamos a vender las camisas online, no tiene ningún sentido hacer frente a ese gasto tan elevado solo por tener un local a pie de calle.

Esto también debemos tenerlo en cuenta al revés. Si vamos a crear un negocio basado en una aplicación online, lo más normal es que nuestro principal gasto sean los sueldos de los programadores. Tiene sentido, ¿verdad? No podemos pretender crear un negocio tecnológico sin invertir en esa partida. Una excepción, claro, podría darse en el caso que esos programadores estuvieran en el apartado de «socios clave». Entonces sí estaría justificado.

Fuentes de ingresos

Y finalmente, llegamos al último punto y más importante de todos: las fuentes de ingresos. Este no se le olvida a nadie y debe responder preguntas muy intuitivas: ¿de dónde obtendremos nuestros ingresos? ¿Qué vamos a vender?

En algunos casos la respuesta es muy clara. En el negocio de camisas modernas, los ingresos vendrán de la venta de esas camisas. En el ejemplo de la aplicación web, serán las cuotas que paguen los clientes. O en el negocio de reparación de móviles, vendrán del servicio de reparaciones.

Pero no deberíamos quedarnos con la primera respuesta. Tenemos que indagar un poco más y pensar en modelos de ingresos alternativos o complementarios.

Por ejemplo: supongamos que establecemos un negocio de cervezas artesanas en el que se pueden encontrar cervezas de cosecha propia de todo el mundo. La primera respuesta a la pregunta «¿De dónde obtendremos nuestros ingresos?» sería, sin duda alguna, «de la venta de las cervezas». Bien. Eso nos convertirá en una tienda de cervezas. Pero vayamos un paso más allá.

Supongamos que hemos hecho los deberes con el modelo Canvas. Así pues, sabemos perfectamente cuál es el perfil de nuestro cliente ideal. Sabemos lo que le gusta, sabemos por qué nos compra y sabemos por qué se enamoró de nosotros.

Y resulta que nuestro perfil de cliente es el de un amante de las cervezas artesanas, al que le gusta probar y descubrir nuevas cosechas, que está dispuesto a pagar una cierta cantidad de dinero cada vez que nos compra y que lo hace con cierta regularidad.

Así pues, decidimos lanzar un nuevo producto. Un pack mensual de cervezas artesanas. Una selección sorpresa que cambia cada mes, elegida por expertos, críticos o por los propios clientes (las más vendidas). Se paga una cantidad mensual y, a cambio, se recibe periódicamente una caja con esa media docena de cervezas a un precio más bajo del que habría tenido comprarlas por separado.

Esto no es nuevo. Se llama Discovery Marketing y es una forma de convertir nuestro producto en servicio. Fijémonos en que ya no vendemos la cerveza en sí, sino el descubrimiento de cervezas. La experiencia.

Este tipo de técnicas nos benefician en dos aspectos. Para empezar, tenemos más estabilidad de ventas porque podemos estimar los ingresos mensuales recurrentes. Y por otra parte, muchos clientes «descubrirán» cervezas que les encantarán y que podrán encargar más adelante a través del *e-commerce*. Si no hubieran tenido la posibilidad de descubrirlas, nunca las habrían comprado.

¿Os dais cuenta de lo que hemos hecho?

Hemos analizado el «Segmento de cliente» y, con esa información, le hemos dado la vuelta a nuestra «Propuesta de valor» para modificar y ampliar la «Fuente de ingresos». Los tres son puntos del modelo Canvas.

A eso me refiero cuando digo que todos los recuadros están relacionados entre sí y que un cambio en uno de ellos debe tener algún efecto en el resto.

Y podríamos seguir en la misma línea. Por ejemplo, podríamos añadir un Club Cervecero a nuestra «Propuesta de valor» en el que haya una videoconferencia mensual con todos los clientes, para hablar de cervezas o incluso hacer una degustación online. Eso tocaría de lleno la dimensión de «Relaciones con el cliente».

En definitiva, establecer el modelo de negocio consiste en definir los puntos clave de tu proyecto, para comprobar que no te dejas nada y que lo que haces es coherente con lo que piensas.

Lean startup

Se habla muchísimo del concepto *lean startup*. Pero, vamos, no es nuevo ni mucho menos. Lo que pasa es que, en 2008, Eric Ries le puso ese nombre, lo organizó y lo documentó. Y como lo hizo muy bien, el concepto tuvo muy buena acogida y ahora todo el mundo habla de ello.

El propósito de este capítulo no es explicar todo el proceso formal de Eric, ya que para eso haría falta un libro entero, sino contar en qué consiste esta aproximación para que podáis aplicarla a vuestro proyecto.

La definición formal dice: «*Lean startup* es una manera de abordar el lanzamiento de negocios y productos que se basa en el aprendizaje validado, la experimentación científica y la iteración en los lanzamientos del producto para acortar los ciclos de desarrollo, medir el progreso y ganar una valiosa retroalimentación de los clientes».

¿Queréis una traducción al lenguaje de la calle? Ningún problema, ahí va:

Empezar con lo mínimo y mejorar poco a poco en función de los comentarios de nuestros clientes.

Sí, ya sé que no es una definición muy exhaustiva y que deja mucho que desear, pero es «el alma» del concepto.

Una de las ventajas de esta aproximación es que se puede lanzar una *startup* o crear un producto o servicio sin una gran financiación ni grandes gastos.

Así pues, tenemos dos conceptos clave:

- Empezar con lo mínimo (producto mínimo viable).
- Mejorar poco a poco (en función de los comentarios de los clientes).

Analicemos ambas cosas y enseguida lo veréis todo muy claro.

Producto mínimo viable

El producto mínimo viable (PMV) es una primera versión de un producto (o servicio) que debe permitir recoger con el mínimo esfuerzo la máxima cantidad de información de los consumidores.

¿A qué me refiero con esto? Fácil: en realidad lanzamos ese producto mínimo viable para ver si hay alguien interesado. ¿Para qué liarnos desarrollando un producto o servicio durante un año para que luego, oh sorpresa, nadie lo quiera comprar? Mucho mejor lanzar algo rápidamente y, si hay interés, desarrollarlo.

Un ejemplo es Zappos: la zapatería online más grande del mundo. Cuando se decidieron a hacer su primer lanzamiento quisieron probar la hipótesis de si los clientes estaban dispuestos y querían comprar zapatos por internet.

Pero en lugar de desarrollar una página web con una interminable base de datos de zapatos, cosa que les hubiera costado mucho tiempo y dinero, probaron otro sistema. Se pusieron en contacto con zapaterías locales, hicieron fotos de sus zapatos y las colocaron en su web. Se los compraban a las zapaterías a precio de mercado y los vendían directamente a los clientes. Efectivamente, vieron que existía una gran demanda y, entonces sí, apostaron por el negocio. Y Zappos se convirtió en un negocio multimillonario basando su estrategia en la venta de zapatos online.

Así pues, cuando os planteéis lanzar una *startup*, no penséis en tenerlo todo «perfecto». Primero, porque la perfección no existe. Y segundo, porque vais a arriesgar mucho más tiempo y dinero.

Pero ¡ojo! Ese producto mínimo viable debe ser... ¡Viable!

Y digo esto porque en muchas ocasiones la gente se queda con la idea de «mínimo producto» y se olvida de la viabilidad. Cuando decimos que tiene que ser viable nos referimos a que debe ser completamente funcional.

Fijémonos en el caso de Zappos. Aunque el método era un poco «artesanal» y no había nada automatizado, funcionaba. No estaba a medias. No dijeron: «En lugar de hacer un *e-commerce*, haremos un catálogo sin opción de compra y, si tenemos visitas, ya pondremos la tienda». Eso hubiera sido un producto mínimo, efectivamente, pero no viable, ya que la idea era comprobar si la gente compraba.

En este esquema podemos ver una aproximación gráfica de lo que no sería un producto mínimo viable, en el caso de algo tan clásico y cercano como un coche:

Como podéis ver, esta aproximación al ciclo de mejora continua de un producto no parte de un PMV ni por asomo. Una rueda no nos sirve de nada, no es viable. Dos ruedas y un eje, tampoco. Aún no podemos desplazarnos. Dos ruedas y un chasis, tampoco. Y finalmente, en el último paso, vemos el coche con su volante para poder conducir. Ahí sí. Ya podemos usarlo. Pero en los tres primeros pasos, nada de nada.

Ahora hagamos ese mismo coche siguiendo el método *lean*. Quedaría tal que así:

Fijémonos en la diferencia. Desde el primer momento el producto es viable. ¿Podemos desplazarnos con un monopatín? Sí. ¿Y con un patinete? También. ¿Una bici? Efectivamente. ¿Moto? ¡Por supuesto! Y finalmente... ¡El coche! Ahí sí que hemos partido de un producto mínimo viable: en este caso, el monopatín. Sí, lo sé, lo sé. Desplazarse en monopatín no tiene nada que ver con desplazarse en coche, pero al menos nos podemos desplazar. Y ahí la gracia del PMV.

Con el monopatín estábamos preguntando al mundo: «Mundo... ¿Hay interés en desplazarse?». Y el mundo respondió que sí. Y algunos dijeron: «Estaría bien tener un manillar...», y se hizo el patinete. O sea, que se mejoró en función de las opiniones de los clientes. A continuación alguien dijo: «¿Y si pudiéramos ir sentados?». Y surgió la bicicleta. Unos cuantos añadieron: «¿Le podemos poner motor?». Pues claro, la motocicleta. Y finalmente: «¿Un techo por si llueve y asientos para más personas?». Y ahí tenemos el coche.

Observemos las grandes diferencias. Si intentamos hacer directamente «el coche», necesitaremos mucho más dinero y tiempo sin saber siquiera si alguien lo quiere. En cambio, con el método PMV podemos probar el agua antes de tirarnos a la piscina. Y a partir de ahí, ir mejorando.

Además, fijémonos en un detalle. El coche final de los dos ejemplos es distinto. Esa es la otra gran ventaja de esta forma de trabajar: la mejora constante en función de la recepción de los clientes.

Mejorar poco a poco (en función del *feedback*)

Así pues, ¿por qué esos dos coches son distintos?

Evidentemente, este coche es solo un ejemplo para ilustrar de forma gráfica estos conceptos. Pero la idea es que nunca habríamos llegado a ESE producto final sin pasar por las fases anteriores o sin escuchar el *feedback* constante de nuestros clientes.

Gracias a esas respuestas, a esas peticiones, a ese *feedback*, hemos llegado a hacer «el coche que quieren nuestros clientes». Y no «el coche que pensamos que nuestros clientes quizá quieran».

Esto es aplicable a cualquier otro tipo de producto o servicio. Si, por ejemplo, vamos a crear un software de edición de venta de entradas, lo mejor sería empezar por lo mínimo viable: vender entradas.

Luego, quizá alguien diga: «También las quiero imprimir». Y otro: «Pues yo quiero ofrecer descuentos». Y otro más: «Me gustaría poder hacer un pago parcial». Y así sucesivamente, hasta tener el software que nuestros clientes quieren.

La idea detrás de esto es siempre la misma: crear la base y escuchar lo que dice el mercado. ¿Que no les gusta? Abortamos el proyecto. ¿Que les gusta? Estupendo, vamos a mejorarlo. ¿Cómo? Escuchando lo que dicen.

Una vez más, la aproximación *lean* reducirá riesgos a la vez que actuará como «estudio de mercado» real. Es muy parecido a lo que hemos visto en el capítulo «Evaluar ideas de negocio», en el que hablamos de los estudios de mercado y del *crowdfunding*. Es una forma más de tener esa validación de mercado.

Pivotando

Otro concepto clave en el *lean startup* es el de «pivotar», antes conocido como «o cambiamos lo que teníamos pensado hacer o nos pegamos una leche y nos arruinamos».

Pivotar consiste básicamente en eso: cambiar el rumbo que habíamos planeado en un principio. Fijémonos en que eso es mucho más fácil si vamos dando pequeños pasos en lugar de grandes saltos, porque tendremos mucho menos camino que deshacer.

Imaginemos ese mismo coche o software. Si lo hacemos y luego vemos que no funciona, tendríamos que deshacerlo todo. En cambio, si avanzamos paso a paso y vemos que «allá adonde nos dirigíamos» no hay mercado, podemos cambiar el rumbo antes de llegar ahí para dar la vuelta y regresar al principio.

Un ejemplo muy interesante fue el caso de Groupon, la conocida web de descuentos. Al principio se llamaba The Point y era una plataforma de activismo. Pero como no le interesaba a nadie, crearon un blog en WordPress con un cupón promocional para una pizzería cercana a sus oficinas. Y en ese caso sí, despertaron el interés del mercado. Tres años más tarde ya eran un negocio multimillonario.

Hay un capítulo de Los Simpson en el que Homer ayuda a su hermano (un alto directivo de una marca de automóviles) a construir «el mejor coche del mundo». Le dedican millones de dólares, mucho tiempo, muchos recursos, y diseñan una atrocidad de vehículo que tiene de todo. Y es un gran fracaso, una ruina que incluso lleva al despido de su hermano.

Cierto, solo es una serie de dibujos, pero ese capítulo ilustra a la perfección lo que ocurre si intentamos fabricar directamente el producto final que «pensamos» que va a gustar. Es un gran riesgo apostar todo a una revolución en lugar de a una evolución.

Construir, medir y aprender

En definitiva, y como habéis podido ver, podemos resumir todo el concepto *lean startup* en tres fases clave: construir, medir y aprender. Y este es el esquema simplificado del proceso:

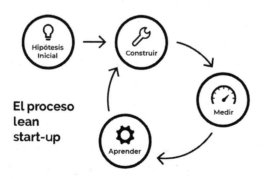

Empezamos con una hipótesis arriesgada: una idea de negocio, de producto, de servicio… Pero claro, como toda hipótesis, la tenemos que contrastar.

Para contrastar, vamos a CONSTRUIR ese producto mínimo viable, para ver si hay interés. Lo lanzaremos y, a continuación, vamos a MEDIR los resultados. ¿Hay interés? ¿Hay demanda? ¿Hay *feedback*?

Por último, vamos a APRENDER. Si el producto no tiene acogida, fracasaremos rápidamente sin haber arriesgado mucho tiempo y dinero. Si el producto tiene acogida, vamos a seguir construyendo y mejorándolo con el *feedback* del mercado. Mediremos los resultados, aprenderemos y mejoraremos; mediremos, aprenderemos y mejoraremos…

Y así sucesivamente, hasta convertirnos en Apple. ;)

En todo caso, esto es lo que se llama *lean startup*. Así que ya podéis empezar a pensar y a definir vuestro PMV.

Cliductos

Vamos ahora a hablar de una teoría que es muy útil para minimizar riesgos y que considero especialmente importante que conozcáis.

Ya sabéis que no soy amigo de las grandes teorías y ambiguos conceptos de marketing que luego tienen poca aplicación. Si os cuento algo es porque es realmente interesante y porque yo lo aplico. De hecho, voy a ponerme a mí mismo como ejemplo en este capítulo para que veáis cómo lo hago.

Lo que se persigue con la estrategia de los cliductos (clientes + productos) es un equilibrio entre riesgo y rentabilidad que nos permita tener una empresa sólida y solvente ante posibles cambios de contexto y escenario.

Dicho así todo suena muy ambiguo. No os preocupéis, ahora lo veremos claro con ejemplos de los tres tipos de cliductos: estructura, margen e imagen.

Estructura

Los cliductos de estructura son aquellos que tienen como objetivo cubrir todos los gastos de estructura de un negocio.

En mi caso, por ejemplo, son mis cursos. Si visitáis mi web, veréis que ofrezco cursos de marketing online y desarrollo web. Esos cursos pagan todos mis gastos de estructura: cuota de autónomos, software, teléfono, gestor, dietas, gastos de viaje, etc.

Observemos cómo, en ese caso, se trata de un producto de precio bajo: una cuota mensual muy reducida que da acceso a muchísimos cursos. Es prácticamente una cuota simbólica.

Estos cursos están pensados para dos tipos de clientes. Por una parte, aquellas personas que quieren crearse la web y el marketing online ellos mismos, sin depender de nadie. Los que quieren aprender a hacerlo e integrarlo en sus conocimientos para mejorar.

Por otra parte, están las agencias que, a través de los cursos, aprenden a crear productos o servicios que luego pueden ofrecer a sus clientes. Por ejemplo un diseñador al que le piden una página web. O una agencia de marketing offline, para aprender marketing online.

Así pues, queda todo ligado. «Educación asequible y práctica» para esos dos perfiles concretos. Pero ahí no queda todo. Sigamos.

Margen

Los cliductos de margen son más esporádicos. Ya no requieren de la rotación de los cursos. Son casos más puntuales, pero te dejan mucho más margen que los de rotación.

En mi caso estaríamos hablando de mis servicios de consultoría y de formación. Estos, por definición, no son escalables. No puedo aceptar a todos los clientes que quisiera, ya que no tendría suficiente tiempo para atenderlos a todos. Precisamente por eso tengo lista de espera. Porque es un intercambio entre euros y mi tiempo.

Esos productos están pensados para personas que tienen dudas o problemas concretos que no han podido solucionar ellos mismos. También es un perfil de cliente que apuesta fuerte por su negocio y que va «en serio».

Fijémonos en que la necesidad del cliente que se suscribe a los cursos no es la misma que la del cliente que contrata consultoría o formación. Es otra motivación, se cubre otra necesidad. Esto es clave para ver después cómo una cartera de productos equilibrada se mantendrá en momentos de crisis.

Imagen

Finalmente, tenemos los cliductos de imagen. Estos no tienen por qué tener tanto margen como los anteriores. Incluso en algunos casos (muy extremos) ni siquiera haría falta que tuvieran margen. En todo caso, lo que sí es cierto es que su principal objetivo no es ese.

Los cliductos de imagen son aquellos que nos aportan prestigio, que nos dan cierto estatus e incluso posicionamiento de marca.

En mi caso, por ejemplo, son las charlas que doy en ciertos congresos y las clases que imparto en escuelas y universidades. Esos elementos transmiten seguridad, confianza y estatus.

Que una marca diga «somos los mejores en esto» no deja de ser un ejercicio de autodefinición. Pero que lo digan otros (especialmente si esos otros tienen un cierto estatus) cambia el concepto por completo. Si yo puedo decir que he sido ponente en varios congresos nacionales o internacionales sobre temas de marketing online (como la UXSpain o la WordCamp Europe) y que imparto clases en universidades (como ESADE o la UAB), lo que estoy transmitiendo es «este tío tiene que ser bueno, si lo han invitado todas estas entidades reconocidas».

Fijémonos en que aquí el margen no es tan importante como la imagen. No digo que no se deba cobrar por hacer estas actividades, pero si lo analizamos a través del coste de oportunidad, veremos que me saldría más a cuenta quedarme a trabajar en el despacho durante tres días seguidos que ir a un congreso en la otra punta del país para hacer una ponencia de una hora. Por mucho que paguen, en mi despacho gano más dinero.

Pero ¡ojo! La imagen que me pueden dar esos congresos, universidades y entidades es muy superior a la que hubiera conseguido encerrado en el despacho.

Una vez más, notemos que ese tipo de clientes no tiene nada que ver con los de los cursos, la consultoría o la formación. Distintos clientes, distintos productos.

Otro ejemplo más: un restaurante

Veamos un ejemplo de otro sector para que quede claro que esta estrategia es aplicable a cualquier caso. Un restaurante.

Su cliducto de estructura sería el menú. Mucha rotación, precio relativamente bajo y un tipo de cliente que necesita ir a comer los días laborables y regresar a la oficina rápidamente para seguir trabajando. Con eso debería pagar la estructura del negocio.

Su cliducto de margen sería la carta. Menos rotación, más puntual y esporádico, pero con un precio más alto y más margen. El cliente objetivo de este cliducto sería, por ejemplo, alguien que quiere quedar bien con un inversor, con su pareja o que desea disfrutar de una comida especial durante el fin de semana. De ahí obtendremos el margen que debemos usar para crecer, reinvertir y mejorar nuestra empresa.

Y su cliducto de imagen sería, por ejemplo, que algún famoso acuda al restaurante. Un jugador de fútbol, un político carismático, un empresario famoso… ¿Acaso no habéis visto nunca esos restaurantes con fotos en la pared de famosos dando la mano al cocinero o al dueño? ¡Eso lo hacen por imagen!

Poneos en situación. Imaginad que un día va Su Majestad el Rey de España a comer a ese restaurante. O un futbolista famoso, o el fundador de Facebook. ¿Qué creéis que preferirán? ¿Que les paguen la cuenta o que se hagan una foto con ellos para colgarla en la pared? ¿Ese pequeño ingreso o que aparezca el nombre del restaurante en las noticias o la prensa del corazón, diciendo que tal personaje fue allí a comer? Efectivamente. La foto. La imagen. La mención en los medios.

Cambios de escenario

Analizados los tipos de cliductos, veamos cómo gracias a ellos conseguiremos esa ansiada estabilidad en la cartera de clientes.

Imaginemos que estamos en época de bonanza económica, que todo son vacas gordas y que las cosas van estupendamente: ¡todo el mundo querrá carta! Todo el mundo pagará sin problemas ese precio más alto porque se lo pueden permitir, y aunque los cliductos de estructura y de imagen sigan ahí, el de margen será el más potente en ese momento.

Si esa fuera la situación, muchos podrían cometer el error de pensar: «¡Pues fuera el menú! Si todos pagan carta, ¿para qué complicarnos la vida, para qué renunciar a ese margen? Si lleno el restaurante cada día, que sea con carta».

Basar toda la estrategia en cliductos de margen es un gran error que suele cometerse en épocas de bonanza y que luego se paga en épocas de crisis.

¿Por qué? Imaginemos ahora que, con el tiempo, el escenario cambia y pasamos a una época de vacas flacas.

Ahora la gente tiene menos dinero que gastar. ¿Qué pasará en esos momentos si resulta que solo tenemos carta? ¡Nos verán muy caros! Nos percibirán como «un lujo». Y ya sabemos lo que pasa con los lujos en tiempos de crisis.

Sí, cierto. Podemos cambiar la estrategia a toda prisa, pero nos costará mucho más si durante un tiempo nos hemos estado posicionando como «restaurante de carta». ¡Es lo que nos hemos ganado a pulso!

En cambio, si teníamos bien equilibrada la cartera de cliductos, la bajada de demanda de ciertos productos se compensará con la subida de otros, ya que de alguna forma estaremos ofreciendo productos cíclicos y anticíclicos a la vez.

Así pues, deberíamos tener una cartera de cliductos equilibrada entre estructura, margen e imagen.

De esta forma, cuando cambie el ciclo económico (que cambiará, ya lo hemos visto con los Juglar y los Kondratieff), estaremos preparados con el cliducto correspondiente.

Estrategias de precios

Es obligatorio hablar de los precios. No podía obviar este capítulo, pues es uno de los temas que más preocupan (y ocupan) a cualquier emprendedor. ¿Qué precios ponemos? ¿Precios altos? ¿Precios bajos? ¿Qué pasa si nos pasamos y perdemos dinero? ¿Qué pasa si nos quedamos cortos y perdemos dinero?

Para empezar, dejadme que os diga algo sobre decidir precios: se nos da fatal. A todos. ¿Por qué? Porque los humanos no somos buenos en ello. No sabemos poner precio a las cosas.

Se nos da bien comparar precios, eso sí. Cuando queremos saber si algo es caro o barato, lo comparamos con varias cosas parecidas y llegamos a un veredicto. Pero si no tenemos elementos para comparar, estamos perdidos.

Podría escribir un libro entero sobre técnicas de precios. Incluso tengo un curso de estrategias de precios. Pero resumiré los conceptos más importantes para que sepáis qué debéis tener en cuenta a la hora de establecer los precios de vuestro proyecto o negocio.

Así pues, empecemos por un clásico universal en el que todo el mundo está de acuerdo. El dolor… de pagar.

El dolor de pagar

A todo el mundo le duele pagar. En mayor o menor medida, nadie se desprende del dinero feliz y alegremente. Pero, atención, porque el grado de dolor depende de ciertas variables que, si conocemos, podremos incorporar a nuestra estrategia de negocio para reducir ese dolor al máximo.

Método de pago

Una de ellas es el método de pago. Pagar con tarjeta nos duele menos que pagar en metálico. Gastamos con más facilidad, porque desvinculamos el acto de pagar del dinero que realmente estamos dando. Por tanto, es más fácil que alguien gaste más en nuestro negocio si ofrecemos este método de pago que si nos limitamos a ofrecer pago en metálico.

Un ejemplo muy claro son los casinos, en los que se juega con fichas de plástico en lugar de dinero. No son de plástico porque sí. Son de plástico porque lo asociamos con algo barato. Si fuera dinero de verdad, la gente se lo pensaría más de una vez antes de apostar todo «al doble cero» en la ruleta y reaccionaría de otra forma muy distinta cuando el crupier se llevara todas las monedas o billetes.

Nivel de molestia

También afecta «la molestia» del pago. Si técnicamente es más fácil, nos duele menos. Por ejemplo: es más difícil sacar billetes y monedas de la cartera (y contar hasta llegar al importe que nos piden) que sacar una tarjeta (sin tener que contar nada).

Incluso podemos dar un paso más. Fijémonos en lo que hacen los grandes negocios online, como Amazon o la AppStore. Almacenan nuestras tarjetas para que no tengamos que introducir el número cada vez. Más fácil pagar, menos molestia, más ventas. Solo debemos poner nuestra contraseña y listo. O en un ejemplo más extremo, ahora puedes comprar a través de iOS solo con tu huella dactilar. Más fácil, menos molestia, más ventas.

El momento de pagar

Otro factor que también determina el dolor que sentimos al pagar es el momento en el que pagamos.

Imaginemos un crucero de una semana por Grecia, por ejemplo. Entre todos los turistas, hay un par de parejas que vamos a analizar. Los primeros han pagado el crucero tres meses antes de la salida, justo cuando hicieron la reserva. Los segundos, por el contrario, pagarán cuando acabe el crucero, al bajar del barco.

¿A quién creéis que le va a doler más pagar? ¿Quién creéis que va a disfrutar más de las vacaciones? ¡Ojo! Es el mismo crucero. Los mismos días, las mismas paradas, las mismas excursiones, el mismo precio. Pero unos pagaron hace tres meses y saben que ya no deben pagar nada, solo disfrutar. Y los otros saben que tendrán que pasar por caja al acabar.

En efecto, los que pagaron en el momento de la reserva son mucho más felices en el barco.

Ética del gasto

También la ética y la moral pueden hacer que nos duela más pagar algo. Imaginemos que una persona ve algo en un escaparate que le gustaría comprar como capricho, pero no lo hace porque lo considera demasiado caro y, éticamente, no lo ve correcto.

Para su sorpresa, cuando llega a casa resulta que su pareja le ha comprado justo ese mismo producto. También lo vio en el escaparate de camino a casa y, como sabía que le gustaría mucho, se lo compró.

Aunque el dinero salga de la misma cuenta compartida, el dolor prácticamente ha desaparecido. No solo porque no ha hecho el acto físico del pago, sino porque además cuenta con la aceptación social de otra persona.

Eso quiere decir que si tenemos remordimientos por comprar

algo, nos va a doler más pagarlo. En cambio, si eliminamos esos re-mordimientos (porque nos lo regala nuestra pareja), desaparece el dolor.

Coste de oportunidad

Este concepto está también ligado al coste de oportunidad, o sea, pensar en lo que podríamos estar pagando con ese mismo importe.

Por ejemplo, puedes estar pensando en cambiar de coche. Pero, haciendo números, te das cuenta de que renunciando a ese cambio de coche podrías pagar tres o cuatro años las vacaciones de la familia. De repente, pagar el coche dolería mucho más y puedes llegar a plantearte no hacerlo.

Como emprendedor, ¡deberías usar esa misma estrategia para comparar el coste de tu producto con algo negativo o irrelevante!

Por ejemplo, comparar un servicio de 30 € mensuales con «lo que te cuesta un café diario». Esto no es nada nuevo, la televisión de pago lleva muchos años haciendo este tipo de comparativas.

¿Os dais cuenta de que al compararlo con algo de precio muy bajo disminuye la percepción de su precio real?

Ya no estamos pensando en 30 €, sino en 1 € diario. En un café. Y asociamos ese servicio mensual con el coste de ese café, algo apto para todos los bolsillos.

Precios altos, precios bajos, caro y barato

Hablemos ahora de un error muy común. Solemos mezclar cuatro términos muy parecidos: precios altos, precios bajos, caro y barato.

Cuando hablamos de «caro» o «barato» nos referimos a cosas que tienen un precio por debajo o por encima del valor que nos aportan. Por ejemplo, un Ferrari por 12 000 € es barato o un Ford Fiesta por 120 000 € es caro.

186 | EL DÍA A DÍA: LÁNZATE

En cambio, hablamos de «precio alto» o «precio bajo» si el precio está acorde con el valor de lo que recibimos, pero el importe es alto o bajo. Por ejemplo, un Ferrari por 120 000 € es un precio alto (pero no caro) y un Ford Fiesta de 12 000 € es un precio bajo (pero no barato).

Esto lo debemos tener muy claro en el momento en que queramos establecer nuestra estrategia de precios, para saber a qué tipo de consumidor y a qué mercado nos vamos a dirigir. Aquí podemos ver una tabla «resumen».

	PRECIO BAJO	PRECIO ALTO
BARATO	LOW COST	PENETRAR MERCADO
CARO	SKIMMING	PREMIUM

Productos baratos

Empecemos hablando de los productos baratos. Estos pueden ser de precio alto o bajo. Veamos lo que ocurre en cada caso.

Si nuestra intención es penetrar el mercado para llegar al máximo de gente, debemos ofrecer algo de precio alto (de gran valor) a un precio barato. De esta forma, la percepción será de «ganga». Algo de gran valor a un precio barato, debe aprovecharse. En muchas ocasiones suele ser una estrategia puntual cuando la empresa se está expandiendo o acaba de nacer.

Otra estrategia completamente distinta sería optar por el conocido *low cost*, en el que se ofrece un producto o servicio de precio bajo y, encima, barato. Estamos muy acostumbrados a ver este tipo de estrategia hoy en día, en la que se nos ofrece «el mínimo servicio con el mínimo precio».

Fijémonos en ambos casos. Ambos productos son baratos. Pero en uno estamos transmitiendo «ganga, oferta que aprovechar para conseguir un producto bueno a un precio bajo» y en el otro «*low cost*, producto de precio bajo y pocas prestaciones».

Productos caros

Por otra parte, tenemos los productos caros. Estos pueden tener precios altos o bajos. Veámoslo:

Por un lado están los de precio bajo. Esa estrategia se llama *skimming* o «descremar» el mercado, y solo busca un segmento del público que esté dispuesto a pagar lo que haga falta. Son los *early adopters*: los que pagan por esa nueva tecnología o ese último modelo que, más adelante, se popularizará y bajará de precio.

Y por otro lado, están los productos caros de alto precio. Son productos «premium» dirigidos a un público con alto poder adquisitivo, como joyas y otros artículos de lujo.

En todo caso, e independientemente de la estrategia que queramos seguir, debemos tener claro dónde nos encontramos, quién es nuestro cliente y cuál es nuestro mercado. Intentar establecer precios sin tener estas bases claras es ir dando palos de ciego.

Excedente del consumidor

Para establecer un buen precio para nuestro producto o servicio debemos tener en cuenta lo que se llama «excedente del consumidor».

Imaginemos un producto al que le ponemos un precio de 80 €, pero por el que en realidad nuestros clientes tenían un precio de reserva (lo máximo que hubieran estado dispuestos a pagar) de 100 €. En cada venta estamos perdiendo 20 €. Si hemos hecho cien ventas, hemos dejado de ingresar 2000 €.

Eso es el excedente del consumidor.

De acuerdo, todo esto está muy bien, pero ¿cómo podemos captar el excedente del consumidor? Está claro que no podemos preguntarle su precio de reserva, porque en ocasiones ni él mismo lo sabe. Así pues... ¿Cómo lo captamos?

Una muy buena estrategia es establecer niveles de precios. Podemos ofrecer un servicio o producto «base», pero también un «plus» o incluso un «premium», añadiendo características o extras. De este modo, nuestro producto podría tener un precio de 80 €, 90 € y 100 € respectivamente.

Así, los que tienen un precio de reserva de 100 € van a poder gastarlos en el producto «premium», mientras que los que no lo tienen optarán por la versión de 80 €.

Un ejemplo muy clásico de esto son los coches. Todos los modelos de todas las marcas parten de una base. Pero luego hay varios equipamientos que van sumando. ¿Quieres la versión «sport», la «elite» o la «excellence»? Cada uno viene con más cosas de serie y admite todos los complementos posibles, desde las llantas, hasta el techo panorámico. Todo son «extras» que van añadiendo pequeños importes, haciendo que cada cliente «se plante» en su precio de reserva.

Si sólo tuviéramos un modelo de 12 000 € y alguien con un precio de reserva de 15 000 € viene a comprar el coche, estaremos dejando de ingresar 3000 €. En cambio, si le ofrecemos ese equipamiento, extras y complementos, llegaremos a esos 15 000 € sin problemas.

Esto se puede ver en todo tipo de negocios, no solo en los coches. Desde un Starbucks, donde te dan a elegir entre tres tamaños de café con varios posibles suplementos, hasta el carburante, en el que en algunos casos tienes Diesel, Diesel Plus o Diesel Súper-Plus-Vete-A-Saber-Qué.

Incluso en las aerolíneas saben cómo captar el excedente del consumidor. ¿Quieres clase turista o preferente? ¿Quizá viajar en primera? ¡El avión llegará al mismo destino! Pero quien quiera pagar más puede hacerlo. A cambio, ya pensaremos en algunos «extras» de excusa, como más espacio para las piernas, comida de mejor calidad o incluso saltarse la cola al entrar y salir del avión.

Psicología en los precios

También debemos tener en cuenta ciertos factores psicológicos cuando hablamos de precios. Un mismo precio en distintos escenarios puede funcionar muy bien o muy mal.

EL BUENO, EL FEO Y EL MALO

Una técnica clásica es la de «El bueno, el feo y el malo». Fijémonos en este anuncio de economist.com en el que se ofrecen tres precios de suscripción al periódico:

Como veis, hay tres opciones. La primera, de $59 anuales para suscribirse a la edición online del periódico.

La segunda opción de $125 es para suscribirse a la edición física del periódico, o sea, que te llega a casa en papel.

Y la tercera, también de $125, ambas cosas. Tanto en papel como en digital. Sí, correcto. El mismo precio que solo la edición en papel.

Bien, está muy claro quién es el bueno, quién el feo y quién el malo.

Economist.com	SUBSCRIPTIONS
OPINION	**Welcome to**
WORLD	The Economist Subscription Centre
BUSINESS	
FINANCE & ECONOMICS	**Pick the type of subscription you want to buy or renew**
SCIENCE & TECHNOLOGY	
PEOPLE	☐ **Economist.com subscription** - US $59.00
BOOKS & ARTS	One year subscription to all articles from The Economist.com → **FEO**
MARKETS & DATA	Incudes online access to all articles from *The Economist* since 1997.
DIVERSIONS	☐ **Print suscription** - US $125.00
	One year subscription to the print edition of *The Economist*. → **MALO**
	☐ **Print & web subscription** - US $125.00
	One year subscription to the print edition of *The Economist* → **BUENO**
	and online access to all articles from *The Economist* since 1997.

La opción mejor valorada es la tercera, de $125, ya que todo el mundo se da cuenta de que por el mismo importe obtienen las dos cosas. Y eso es lo que hace que los suscriptores la prefieran en un 84% de las ocasiones.

Economist.com	SUBSCRIPTIONS
OPINION	**Welcome to**
WORLD	The Economist Subscription Centre
BUSINESS	
FINANCE & ECONOMICS	**Pick the type of subscription you want to buy or renew**
SCIENCE & TECHNOLOGY	
PEOPLE	☐ **Economist.com subscription** - US $59.00
BOOKS & ARTS	One year subscription to all articles from The Economist.com → **16%**
MARKETS & DATA	Incudes online access to all articles from *The Economist* since 1997.
DIVERSIONS	☐ **Print suscription** - US $125.00
	One year subscription to the print edition of *The Economist*. → **0%**
	☐ **Print & web subscription** - US $125.00
	One year subscription to the print edition of *The Economist* → **84%**
	and online access to all articles from *The Economist* since 1997.

Pero, ¡atención! ¿Qué pasaría si quitáramos el malo? Total, nadie lo elige, ¿verdad? ¿Para qué ponerlo ahí?

Pues fijaos en los resultados:

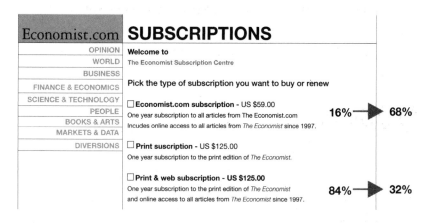

Efectivamente. En el momento en que quitas el malo, el bueno ya no es tan bueno. Hemos pasado del 84% al 32%. ¿Por qué? Porque ya no podemos compararlo con el malo y, por consiguiente, no nos parece tan atractivo.

¿Os dais cuenta? El mismo precio, el mismo producto. Pero psicológicamente, ¡percibimos el precio más alto, más bajo, más barato o más caro en función del contexto!

El fantástico número 9

Lo mismo nos pasa con el número 9. Estamos hartos de ver precios con un 9 al final y todos sabemos que es puro marketing. ¿Funciona? Por supuesto.

Miremos el caso de estos tres vestidos:

Este vestido se colocó en la portada de un folleto publicitario de venta por catálogo que se envió a varias zonas de distintas poblaciones, todas con el mismo poder adquisitivo. Pero, atención, porque el precio se modificó. En algunas zonas el precio era $34, en otras $39 y en otras $44. O sea, todo igual, salvo el precio.

Curiosamente, el que más se vendió fue el de $39, aunque tenía un precio más alto que el de $34. ¿Por qué? Porque ese 9 transmite mayor sensación de oferta, de oportunidad y de precio barato. En cambio, el de $34 (precio más bajo) y el de $44 (precio más alto), se percibían como más caros.

Veamos otro ejemplo que combina ambas técnicas: estos dos televisores. ¿Sabéis por qué el pequeño se vende más que el grande?

Efectivamente. Porque el grande es «el malo». Este modelo está pensado para que la gente piense: «Uy, por tres pulgadas prefiero ahorrarme $100. Qué listo soy, qué buen criterio tengo. Estos de marketing me querían colar el televisor caro, pero está claro que no compensa».

¡En realidad es al revés! ¡Está hecho para que un televisor de $299 parezca barato! Si «el malo» no estuviera, no podríamos comparar y no lo veríamos tan claro. ¿Por qué creéis que en las grandes tiendas de electrodomésticos siempre hay grandes televisores de miles de euros? Para que pensemos que un televisor que cuesta la mitad es barato, comparativamente.

El poder de lo gratis

Otro punto clave en la estrategia de precios es regalar algo. O lo que es lo mismo, que el precio sea 0 €. Eso siempre altera nuestra percepción hasta límites que no podríamos llegar a imaginar.

Un ejemplo muy interesante es el de un conocido banco americano que ofrecía dos opciones para obtener una tarjeta de crédito:

La primera opción consistía en una tarjeta con un 9 % de interés y un pago de 100 € anuales por mantenerla. La segunda opción consistía en una tarjeta con un 14 % de interés SIN pagar nada por ella.

La gran mayoría elegía la tarjeta «gratis», a pesar de que anualmente les estaba costando más dinero por ese 5 % más de interés. ¿Por qué? Porque cuando vemos algo gratis, vamos a por ello. ¡Aunque no lo queramos! Pero ¿hasta qué punto? Veamos un par de ejemplos interesantes.

Una famosa discoteca hizo una promoción que consistía en regalar un tatuaje a todos los que fuesen una determinada noche.

Fue bastante sonado y muchísima gente acudió. Mientras estaban esperando su turno, se aprovechó la oportunidad para realizar algunas preguntas a los que se iban a hacer el tatuaje. El resultado desveló que el 65 % de los que se tatuaron ya lo habían pensado con anterioridad. Pero, atención, porque el otro 35 % no tenía pensado hacerse uno. Solo se tatuaron porque esa noche era gratis. ¡Para aprovechar!

Otro caso curioso: una marca de comida para gatos decidió regalar latas gratis a la salida de un supermercado para darse a conocer. Se colocaron justo al lado de las cajas registradoras y se las ofrecían a todos los que cargaban la compra en las bolsas.

Luego, a la salida del supermercado, se les revelaba que formaban parte de un experimento y les preguntaban si tenían gato. Un 32 %… NO TENÍA GATO. Pero ¡se quedaron la lata porque era gratis!

En cambio, otra variante de ese experimento en el que se tenía que pagar un céntimo por cada lata (fijémonos en que solo estamos hablando de un céntimo) cambió totalmente. El 100% de los que compraron la lata tenía gato. Ya no era gratis.

Veamos un tercer ejemplo muy curioso. Una tienda online de productos a $5 realizó el siguiente experimento, con tres variantes:

PRODUCT	SHIPPING
$5.00	FREE
$2.50	$2.50
FREE	$5.00

En la primera, ofrecían el producto a $5 y el envío gratis; en la segunda, tanto el producto como el envío a $2,5 y en la tercera, el producto gratis y el envío a $5.

Efectivamente. La opción que más se vendió fue la tercera. El hecho de regalar los productos era un gancho psicológico mucho más potente que regalar el envío o poner el producto a mitad de precio.

Lo repito: «regalar» es mágico.

Fijémonos en las ofertas estilo 3 × 2 (llévese 3 por el precio de 2). ¡El tercero es gratis!... ¿O no?

En realidad un 3 × 2 es un descuento del 33% comprando tres unidades.

Matemáticamente, es exactamente lo mismo. Pero, atención: si en lugar de anunciar un 33% de descuento comprando tres unidades, se ofrece un 3 × 2 las ventas aumentan un 48% más. ¡Aunque sea lo mismo!

¿Y qué pasa con el coste?

Si os dais cuenta, a lo largo de este capítulo hemos hablado de muchos conceptos a considerar en el momento de establecer precios.

Desde el dolor de pagar hasta factores psicológicos, pasando por tipologías o el excedente del consumidor.

Pero hay algo que no hemos mencionado: el coste. En ningún momento hemos hablado del coste del producto que vamos a vender. ¿Por qué? ¿Acaso no es importante? ¡Por supuesto que lo es! Debemos conocer muy bien nuestros costes, para poder calcular el margen. Pero no nos equivoquemos: no debemos usar el coste para establecer el precio.

En muchísimas ocasiones el precio se establece multiplicando por un factor el coste del producto. Si nos cuesta 100, lo multiplico por 2 o por 3 y de ahí saco el precio. ¡Error! Nunca deberíamos hacerlo así. ¿Acaso os imagináis a Apple diciendo: «Bueno, un iPhone nos cuesta X, vamos a multiplicar por dos para tener tal margen»? Os aseguro que no funciona así.

Tenemos que conocer nuestros costes, pero no para calcular el precio. El precio lo calcularemos de forma independiente, considerando otros aspectos como los comentados en este episodio.

Y después (y solo después) lo compararemos con nuestros costes, para ver qué margen nos deja y si es factible llevar a cabo el negocio.

Poner un precio en función de nuestros costes (factor interno) y no en función de la demanda del mercado (factor externo) no tiene ninguna lógica.

Eso nos llevaría a situaciones surrealistas. Si, por ejemplo, somos poco eficientes produciendo y tenemos unos costes altos, nos pasaremos tres pueblos con el precio. Pero si somos muy eficientes en la producción, nuestros precios podrían estar muy por debajo del precio de reserva del consumidor. En ambos casos repercutirá negativamente en nuestros ingresos, ya sea perdiendo clientes (por caros) o excedente del consumidor (por baratos).

Así pues, olvidemos colocar los precios en función del coste y hagámoslo siempre en función del valor que se le esté ofreciendo al cliente.

Decir que NO

En algún momento todo emprendedor llegará a este punto. Es difícil, es duro y requiere tener la cabeza muy fría, pero tenemos que hacerlo: decir que no.

Cuando emprendemos nuestro negocio estamos frescos, estamos emocionados, estamos motivados. ¡Qué demonios, estamos deseando empezar! Después de todo, para eso hemos dejado nuestro trabajo (o hemos dejado de buscar uno) y hemos invertido tiempo, dinero y esfuerzo en montar el nuestro.

Bien, pues precisamente esa ilusión y esas ganas son las que nos hacen decir SÍ a demasiadas cosas que no nos hacen ningún favor. Veamos a qué me refiero.

Decir que NO a los clientes venenosos

Tenemos que decir que NO a los clientes venenosos. Ya sabéis de qué estoy hablando. Aquellas personas con las que no trabajáis a gusto, aquellos que solo aceptáis porque necesitáis el dinero. Esos que, cuando te llaman y ves su nombre en la pantalla del teléfono, una sensación negativa te recorre el cuerpo y desearías no descolgar. Personas con las que no nos gusta estar, trabajar, colaborar...

¡Por el amor de Dios! Aunque necesitéis el dinero, decid que NO. Ya os lo he dicho muchas veces. En unos años estaréis todos muertos. ¿Y creéis que vale la pena tener que vivir una vida aguantando a esa gente? ¡NO!

Si un cliente no os transmite bienestar y optimismo, olvidaos de él. Es venenoso. Igual que una víbora. Y os va a envenenar. A vosotros, vuestro trabajo y vuestro sueño.

¿Creéis que vale la pena envenenar todo eso a cambio de dinero? Sí, cierto: conseguirás más dinero. Pero ese trabajo que tanto te gustaba, te gustará un poco menos. Y si multiplicas eso por el número de clientes venenosos, de repente verás que ya no trabajas a gusto. Y eso es lo peor que te puede pasar.

O sea que ya lo sabéis: reservad el derecho de admisión. En cuanto os oláis un cliente de estos, lo rechazáis educadamente. No le digáis «no quiero trabajar contigo porque eres un cliente venenoso», que se lo podría tomar mal.

Esto me recuerda una ocasión en la que mi padre fue a presentar una oferta a un cliente potencial. La oferta la preparó con un socio francés. Se trataba de una propuesta muy completa, un dossier bastante elaborado.

Se sentaron ambos con el cliente, le entregaron una copia de la documentación y empezaron a contarle en qué consistía.

El cliente empezó a pasar páginas mientras ellos exponían y preguntó: «Ya, ya, pero el precio, ¿dónde está?». Y sin mostrar ningún respeto por el trabajo realizado ni por las explicaciones, se dirigió a la última página del dossier, donde estaban los precios, y empezó a mirarlos y a leerlos en voz baja.

En ese momento, el socio de mi padre se levantó indignado, le arrebató el dossier al cliente y le soltó en francés: *Vous n'êtes pas client pour moi* (cuya traducción sería «usted no es cliente para mí», pero que en francés es mucho más impactante). Y se marchó de la sala.

No sé hasta qué punto esa es la mejor forma de reaccionar ante un cliente venenoso y si hace falta hacerlo tan «a la francesa» (nunca mejor dicho), pero hay algo claro: ese hombre sabía perfectamente que no quería trabajar con ese cliente. Y le dijo que no. Y por eso le aplaudo. Eso es lo que deberíamos hacer todos.

Decir que NO a clientes tacaños

Por otra parte, también deberíais decir que NO a aquellos clientes que os regatean hasta el último céntimo, haciéndoos trabajar prácticamente a precio de coste.

Entiendo que, cuando se empieza, la tendencia es agarrarse a un clavo ardiendo y que el razonamiento es «tengo que facturar, por poco que sea». Pero, por desgracia, ese «poco» va a hacer que entréis en un círculo vicioso del que es muy difícil salir. Os lo cuento.

Si empezáis a aceptar a cierto tipo de clientes, os lo creáis o no, estaréis atrayendo a ese mismo tipo de cliente. Aunque penséis que puede ser una excepción, en realidad estaréis estableciendo un precedente. Si tenéis clientes que solo buscan «precio», ¿qué tipo de referencias creéis que llegarán de esos? ¡Otros clientes que van por precio! Cuando hablen de vosotros, no se hablará de la gran calidad de vuestros servicios, sino de lo que cuestan: de que sois baratos. Eso es lo que dirán. Y vendrán más clientes buscando ese servicio barato.

Quizá penséis que «ser barato» puede ser vuestra estrategia. Que os podéis diferenciar por precio, que ese será vuestro factor diferencial. Sí, cierto: puede ser una estrategia. Pero, ojo. De media, solo un 14% de los consumidores basa su decisión de compra en el precio. El otro 86% lo hace por otros criterios: calidad, seguridad, confianza, marca, estética o conveniencia, entre otros. Así pues, pensad mucho si de verdad queréis entrar ahí, porque estaréis trabajando mucho para ganar muy poco en un mercado de guerra de precios.

Decir que NO si no es lo tuyo

En ocasiones también nos ocurrirá que nos llega la oportunidad de trabajar para clientes que nos piden algo que no es nuestra especialidad o a lo que nos dedicamos habitualmente.

Una vez más, sé que es difícil decir no, porque cuando empiezas lo importante es facturar. Pero si aceptas trabajos y clientes que no están definidos en tu modelo de negocio, lo estás saboteando. Nada de tu estrategia valdrá, porque estás cambiando algo tan básico como tu propio servicio.

Además, tienes muchas papeletas para hacerlo «no tan bien» como deberías. Si no es tu especialidad o no es lo que sueles hacer, evidentemente los resultados tampoco lo serán. Y eso puede acabar en proyectos con los que pierdas dinero o, peor todavía, con clientes descontentos.

En el próximo capítulo entraremos más en detalle en este punto, pero ahora solo quiero apuntar la idea de que, en ocasiones, es mejor derivar a otra persona un trabajo que está por encima o por debajo de nuestras posibilidades. A largo plazo, eso nos cundirá muchísimo más que intentar abarcarlo todo.

Decir que NO (educadamente)

Como ya os he dicho, lo del *«vous n'êtes pas client pour moi»* quizá no es la mejor aproximación. Tampoco lo es decir «no quiero trabajar contigo porque eres un cliente venenoso o un tacaño». No se lo tomarían bien.

Pero siempre puedes declinar la oferta educadamente. Una opción sería excusarte diciendo que estás ocupado con otros clientes, que no es tu especialidad (si ese es el caso) o que el método de trabajo que ellos necesitan no encaja con el tuyo.

Ante todo, debemos ser educados y brindar nuestra ayuda aunque sea para recomendar a otra persona. Quizá conozcamos a alguien que sí encaje con ese cliente, con su presupuesto o con su proyecto. En tal caso, ¡hagamos la conexión! Si vemos que puede ser beneficioso para ambos y se actúa con buena voluntad, haced *networking* y presentadlos entre ellos.

Decir que NO para decir que sí

Finalmente, hagamos una reflexión. ¿Qué pasa cuando…

- … decimos que no a clientes venenosos?
- … decimos que no a clientes tacaños?
- … decimos que no a lo que no es lo nuestro?

Supongo que ya lo veis, ¿verdad?

- Podremos decir que sí a clientes buenos.
- Podremos decir que sí a clientes generosos.
- Podremos decir que sí a lo que sí es lo nuestro.

¿Dónde queréis estar? ¿En qué escenario? Evidentemente, en el segundo. Pero, ojo, para estar ahí primero tendremos que haber dicho que NO muchas veces. Nosotros hacemos nuestro propio camino.

En el momento en que aceptas ese cliente tacaño, ese cliente envenenado o ese cliente que no encaja con lo que tú en realidad deberías estar haciendo, estás PERDIENDO LA OPORTUNIDAD de hacer algo que de verdad encaja con tu proyecto.

Este concepto se llama «coste de oportunidad» y es algo que cualquier emprendedor debería tener clarísimo. Vamos a verlo.

Coste de oportunidad

Si hay un concepto que debemos conocer, tener claro y aplicar cada día, tanto en nuestra vida profesional como en nuestra vida personal, este es, sin duda alguna, el coste de oportunidad.

¿Qué es el coste de oportunidad? Ni más ni menos que aquello a lo que estás renunciando cuando haces algo.

Cada vez que tomas la decisión de hacer alguna cosa, estás renunciando a la posibilidad de hacer muchísimas otras en su lugar. La «mejor» de esas cosas a las que has renunciado es tu coste de oportunidad.

Coste de oportunidad monetario

Pongamos un ejemplo: estás dudando entre aceptar un empleo en el que te pagarán 1.000 € al mes o montar tu propio negocio.

Como estás leyendo este libro, supongamos que optas por montar el negocio y al cabo de un año has tenido un beneficio de 10 000 €. Tu coste de oportunidad serían los 12 000 € que has dejado de ingresar con el empleo.

Obviamente, la gracia está en que el coste de oportunidad nunca supere a la elección que has hecho. Así pues, en este caso parece que el coste ha sido superior a nuestra elección.

Pero el segundo año la cosa cambia: el negocio ha crecido poco a poco y te has dado a conocer. Ese año tienes unos beneficios de

30 000 €. El coste de oportunidad de no haber elegido ese trabajo es de 12 000 €, frente a nuestros 30 000 €. Ahora salimos ganando. De ahí la importancia de lo que hablábamos en el capítulo anterior. Debemos decir que no en muchas ocasiones por el coste de oportunidad. Si decimos que sí a un empleo, estaremos diciendo que NO a nuestro propio negocio. Y un negocio puede generar un nivel de ingresos muy superior a un sueldo. Evidentemente también supone más riesgo, pero tiene un coste de oportunidad potencial mucho más alto.

A medida que crecemos como profesionales o que lo hace nuestro negocio, nuestro coste de oportunidad cada vez es más alto, y debemos tomar decisiones en consecuencia.

Por ejemplo: cuando empezamos un negocio es normal hacer muchas reuniones con clientes que nos quieren «hablar de un proyecto», porque el coste de oportunidad de nuestro tiempo dedicado a otra cosa es bajo.

Pero cuando el negocio está en marcha y empezamos a ser productivos, es importante valorar esas situaciones. ¿Seguimos realizando esas reuniones? Pensemos que, si en lugar de ir a esa reunión nos quedásemos trabajando en la oficina, estaríamos ingresando. En cambio, si estamos en esa reunión, solo tenemos un ingreso potencial. ¿Qué debemos hacer en ese caso?

En mi caso, por ejemplo, mi coste de oportunidad es muy elevado. Yo soy muy productivo delante del ordenador y en una mañana puedo llegar a hacer mucho trabajo, que se traducirá en un incremento de la facturación. Cuando me reúno con alguien para hablar de un proyecto, dejo de ser productivo. Y para mí, dejar de trabajar una mañana implica dejar de ingresar dinero.

¿Cómo solucionar eso? Bien: hay varias opciones, pero en mi caso he optado por cobrar esas reuniones. Así neutralizo el coste de oportunidad con un ingreso equivalente.

Muchos de los emprendedores a los que les hago coaching me dicen que su principal problema son las reuniones. Y es cierto. Son verdaderas ladronas de tiempo, ya lo hemos visto. Sus clientes les piden reunirse de forma frecuente, en interminables sesiones que les ocupan una mañana o una tarde enteras.

Y siempre les digo lo mismo: si ese es el caso, debes cobrar por esas reuniones. ¡Es tiempo que les dedicas! ¿Por qué no se va a cobrar? Si te pagan el tiempo que estás diseñando, escribiendo o programando para ellos, ¿por qué no deberías cobrar el tiempo que estás hablando con ellos?

Coste de oportunidad personal

En ocasiones este coste no es puramente monetario, va más allá. Como ya hemos visto en el capítulo «El síndrome de Peter Parker», el coste de oportunidad de estar trabajando más horas de la cuenta cuando tienes tu propio negocio es estar con tu familia.

Mi gran coste de oportunidad es mi familia. Cuando estoy con mi mujer o jugando con mis hijos, estoy perdiendo dinero. Literalmente, miles de euros.

Euros que podría estar ingresando si trabajara, por ejemplo, todos los fines de semana. Soy consciente de que a final de mes eso es mucho dinero. Pero como ya he dicho antes, también tenemos que valorar la faceta personal o acabaríamos monetizando nuestra vida.

Así pues, vigilemos eso. Debemos siempre separar el coste de oportunidad personal del profesional.

Si estamos dentro de nuestra jornada laboral, podemos comparar la tarea que estemos haciendo con otra del mismo ámbito. Pero si estamos fuera del horario de trabajo (que deberíamos habernos marcado) no vale pensar en lo que podríamos estar haciendo laboralmente, porque es otra faceta de nuestra vida.

Ligado al coste de oportunidad, hay una teoría muy simple pero muy cierta que deberíamos conocer. La regla del 80/20.

La regla del 80/20

Había una vez un buen hombre llamado Vilfredo Pareto. Estaba él sentado en su huerto y se fijó en que el 20% de las vainas de guisantes producían el 80% de la cosecha del año siguiente. Y que el otro 80% generaban solo un 20%.

Esto hubiera quedado como una curiosidad si no fuera porque este señor, aparte de tener un huerto, también era un economista de renombre. Y como tal, creó lo que mundialmente se llama «el principio de Pareto», algo que ahora enseñan en todas las carreras de economía o empresariales.

Así pues, el principio de Pareto dice que el 80% de los resultados (*output*) vendrán del 20% del esfuerzo (*input*).

¿Y esto cómo lo trasladamos al mundillo de los emprendedores? Pues haciéndoles saber que el 80% de sus ingresos saldrá del 20% de su esfuerzo.

Por ejemplo: en ocasiones, el 20% de tus clientes te dará el 80% de tu facturación. En ocasiones, el 20% de tus productos serán el 80% de tus ventas. En ocasiones, el 20% de tus acciones comerciales cerrarán el 80% de los clientes.

Evidentemente, esto no es exacto. A veces será un 85%/15%, a veces un 70%/30%. Eso da igual. Pero es cierto que suele haber un factor aproximado de 1/4 parte ante 3/4. Especialmente a medida que las empresas o negocios llegan a ciertas dimensiones. Cuanto más grandes son, más se cumple este principio. Pura estadística.

Así pues, regresemos a nuestro coste de oportunidad y a nuestro negocio. Lo que debemos hacer, sin duda alguna, es identificar rápidamente el 20% de esfuerzo que nos da el 80% de resultados y centrarnos en él. Y al resto… debemos decir que NO.

Por ejemplo, si nos damos cuenta de que el 20% de nuestros clientes nos proporciona el 80% de nuestra facturación, centrémonos en ellos y dejemos el otro 80% de clientes. Los podemos vender (dependiendo del negocio) o podemos renunciar a ellos, pero lo que está claro es que tenemos que decir que no. ¿Por qué? Una vez más: ¡por el coste de oportunidad! Si renunciamos a esos, liberaremos un 80% de «espacio» en la cartera de clientes para llenar con clientes de los buenos.

Y lo mismo con nuestro esfuerzo: si nos damos cuenta de que el 20% de nuestro contenido nos consigue el 80% de nuestras visitas, centrémonos en ese tipo de contenido.

Si nos damos cuenta de que el 20% de nuestra publicidad nos consigue el 80% de nuestras ventas, centrémonos en esa publicidad.

Si nos damos cuenta de que el 20% de nuestros productos nos consiguen el 80% de nuestra facturación, centrémonos en ese tipo de productos.

Pero para hacer eso… Una vez más… ¡Debemos decir NO! Debemos decir no al 80% de clientes, al 80% de contenido o al 80% de esfuerzo, para poder decir SÍ al 20% «bueno».

Imaginad si el 100% de nuestros esfuerzos dieran como fruto tanto como ese 20% óptimo. Los resultados se dispararían al 400%.

Así pues, antes de decir que sí, calculemos nuestro coste de oportunidad, porque veremos que en la mayoría de las ocasiones, decir NO es la mejor forma de ganar dinero.

Procrastinación

Ahora lo llaman así: procrastinación. Pero toda la vida lo hemos llamado «aplazar».

Todos tenemos tareas que hacer. Todos tenemos una «*todo list*» que atacar. Pero no lo hacemos. Ahí queda. Pasan los días y no conseguimos ni empezar. En su lugar nos ponemos a hacer las tareas más inverosímiles que se nos puedan ocurrir. Cualquier cosa parece mejor que hacer «aquello».

¿Por qué? ¿Por qué nos cuesta tanto? ¿Por qué aplazamos? ¿Por qué procrastinamos? Empecemos por ahí. Si analizamos los motivos, estaremos un paso más cerca de una posible solución.

Los principales motivos de la procrastinación son cuatro: grandes tareas, perfeccionismo, pereza y decisiones.

Grandes tareas

No es de extrañar que esta sea una de las principales causas de procrastinación porque, en ocasiones, uno no sabe ni por dónde empezar. Cuando sabemos que no vamos a acabar una tarea en un día nos desmotivamos completamente, porque no hay sensación de logro.

¿Y qué haces en su lugar? Pues cualquier otra tarea que te tome poco tiempo. Desde ponerte a contestar emails, hasta barrer el despacho. Cualquier excusa es buena y cualquier tarea te parece más interesante que esa gran tarea que vas aplazando.

¿Cómo podemos evitar eso? Bien, pues la forma más fácil es descomponer esa tarea en tareas más pequeñas. Pongamos este mismo libro, por ejemplo. Ya os lo digo: es una GRAN tarea. ¿Cómo lo hice? ¿Cómo lo enfoqué?

Lo más difícil fue decidir dar el paso. O sea, decidir que lo iba a empezar. Hacía mucho que lo tenía pensado y aprovechando el año nuevo me armé de valor. Y ese punto es clave en las grandes tareas. Proponerse a uno mismo que «ahora» es el momento. No «después».

Como no se puede escribir un libro en una tarde, ya que requiere mucho tiempo, decidí separarlo en pequeñas tareas: primero creé el índice (solo el nombre de cada apartado) y luego escribí un párrafo resumiendo cada capítulo.

Fijémonos en que esas tareas son pequeñas. Sobre todo la primera.

Escribir el índice es solo hacer un *brainstorming* de ideas. NO TIENE QUE SER PERFECTO, NO TIENE QUE SER DEFINITIVO. Solamente un «listado loco» de capítulos. Eso lo podéis hacer en una tarde; de hecho, en una hora. Y ya estaréis más cerca.

La siguiente tarea no es tan rápida, pero la puedes separar en minitareas. Hacer ese pequeño resumen de cada capítulo puede llevarte más de una tarde, así que es mejor dividirlo en varias sesiones a través del *time-blocking* (ver capítulo de gestión del tiempo). Por ejemplo, dedicar una hora (o media) al día para ir haciendo esos resúmenes. Yo, personalmente, lo hice en un fin de semana.

Y luego tocó escribir los capítulos uno a uno, desarrollando cada idea. Les dedicaba entre una y dos horas al día, justo después de grabar la clase y el podcast. Y el fin de semana también. Si en alguna ocasión tenía más tiempo, escribía más.

MOTIVARSE

También es importante la motivación. A mí me motivaba tener un libro escrito, especialmente siendo el primero que publicaba en Amazon. ¡Para mí era suficiente! Quizá si tuviera diez o doce libros ya publicados no me haría tanta ilusión, pero al ser el primero, ya era una motivación.

Las motivaciones pueden ser muy distintas. Con el podcast, por ejemplo, mi motivación principal es ayudar al máximo de gente. Poder hacer que alguien sin trabajo o con un trabajo que le disgusta dé el paso para crear su negocio me motiva una barbaridad. Pueden ser motivaciones más egoístas o más altruistas, pero ¡¡¡TENEMOS QUE ESTAR MOTIVADOS!!!

Obligarse

Finalmente, para asegurarme de que iba a hacerlo, creé tantos *accountability partners* como pude. ¿Cómo? Pues publicando un post en el que prometía a todos que iba a escribir un libro. En ese momento, todos mis oyentes y lectores lo supieron: me había comprometido. O sea, que no había marcha atrás.

¿Entendéis a lo que me refiero? Ahora TENÍA que hacerlo o sería como dejar a todos en la estacada. ¿Veis como cambia la perspectiva?

Perfección

Otra gran causa de procrastinación. Ocurre cuando queremos hacer algo perfecto y, tan perfecto lo queremos hacer que, al final no lo hacemos.

Quiero que algo os quede claro: no existe la perfección. ¡No existe tal cosa! Es solo un concepto. Así de simple, así de fácil. Nadie es perfecto, nada es perfecto. Punto. O sea, que si estáis pensando en hacer una tarea que estáis procrastinando por ese motivo… NO LA VAIS A HACER NUNCA. ¡NUNCA!

¿Creéis que yo hubiera empezado mi podcast si estuviera buscando la perfección? ¡Nunca! Aún estaría grabando ese primer episodio.

Entonces… Si nada ni nadie es perfecto, ¿qué hacemos? Fácil. Mejorar.

Todo es mejorable

Es pura lógica proposicional. Si nada es perfecto, todo es mejorable. Eso quiere decir que si tenemos que hacer una tarea que estamos aplazando (procrastinando) simplemente porque la queremos hacer perfecta, lo que debemos hacer en realidad es HACERLA... Y LUEGO MEJORAR.

Llevo cientos de episodios de mi podcast.

En este tiempo... ¿He mejorado? ¡POR SUPUESTO!

Y ahora... ¿Son perfectos? ¡POR SUPUESTO QUE NO!

¿Quién en su sano juicio podría decir que todo lo que hace es perfecto? ¡Venga, por favor! Ni siquiera los mejores locutores de radio son perfectos.

O este libro, por ejemplo.

¿Me gustaría que fuera perfecto? ¡POR SUPUESTO!

¿Lo es? ¡POR SUPUESTO QUE NO!

¿Cómo voy a pretender publicar un libro perfecto? En absoluto. Lo que sí he intentado ha sido hacerlo lo mejor posible, pensando en ayudar a quienes lo estáis leyendo. NO QUIERO publicar un libro por su perfección. Quiero publicar un libro para ayudar. Quiero publicar un libro porque me hace ilusión. Quiero publicar un libro para mejorar mis habilidades como escritor.

Una vez más: mi objetivo no es la perfección. Es la mejora.

Ni el iPhone es perfecto

Sé que muchos de vosotros estaréis procrastinando porque sois perfeccionistas (muchos emprendedores lo sois) y en ocasiones no hacéis ciertas tareas porque no serán perfectas, o por miedo a «lo que dirán» los otros.

Permitidme que os diga algo: SIEMPRE habrá quien te diga que lo que has hecho no es perfecto. ¿Y sabéis qué? Tendrán razón. Porque nada lo es.

Y está bien que sea así. No pasa nada. Es NORMAL.

Intenta pensar en un producto perfecto. Pongamos por ejemplo el iPhone, al que le dedican presupuestos millonarios, años de I+D y equipos enteros de gente. ¿Es perfecto? No. ¿Tiene críticas? ¡Sí, por supuesto! Pero eso sí... Cada año es mejor.

Así pues, cuando os veáis a vosotros mismos procrastinando por perfeccionismo, debéis hacer el siguiente razonamiento interno (no lo hagáis en voz alta u os mirarán raro):

«Hola, tarea. Sé que tengo que hacerte. Sé que no te haré perfecta. Pero ¿sabes qué? Da igual, porque cuando te haga, habré mejorado. Y cuando tenga que hacerte de nuevo quedarás mejor, porque habré aprendido. Mi motivación no es hacerte. Es aprender a hacerte».

Creedme y probadlo. Funciona.

Este libro no es perfecto. Pero lo he escrito. Y he aprendido en el proceso. Y con él, ayudaré y animaré a algunos de vosotros a dejar de procrastinar esa tarea que estáis aplazando por perfeccionismo. Y eso ya es mejor que no haberlo escrito por querer hacerlo perfecto.

Pereza

Ya hemos tocado el tema de las grandes tareas. Ya hemos tocado el tema del perfeccionismo. Pero, atención, porque llega el diablo en persona: LA PEREZA.

Este es muy jodido. El peor, quizá. ¡No en vano es uno de los siete pecados capitales! Y es una de las causas que más nos hacen procrastinar. Incluso en ocasiones está oculto detrás del resto de las excusas: simplemente no nos apetece. Nos da pereza hacer algo. Vamos, que eso de levantar el culo para hacer la faena es demasiado esfuerzo. Y lo entiendo. Todos tenemos algo de perezosos en nuestro interior.

Veamos algunas formas de evitar la pereza. Estas me van muy

bien a mí y a algunas de las personas a las que les hago coaching. Vamos allá:

ENTORNO FAVORABLE

La primera es, sencillamente, estar en un entorno favorable en el cual NO PUEDAS HACER OTRA COSA que la que estás procrastinando. Por ejemplo, si quieres aprender inglés, pero nunca tienes tiempo, paga un año por adelantado a la academia. Os aseguro que de repente tendréis más motivación.

O si quieres escribir un libro, vete con el portátil a trabajar a algún lugar sin internet. Nada de quedarte en casa o en la cafetería, porque acabarás mirando las redes sociales al cabo de tres párrafos. Y no vale decir «no miraré internet». Nunca se cumple. Oblígate a ir a un ENTORNO DE TRABAJO OBLIGADO. Ya sabéis, lo típico de los escritores que se encierran tres meses en una cabaña en medio del bosque para escribir sus libros. Bueno, pues esto es lo mismo.

Sea lo que sea, crea un entorno de trabajo en el cual no puedas hacer otra cosa. En el momento en que tu cerebro entienda que no hay más opción, verás como empiezas a mirar con otros ojos esa tarea.

La procrastinación es a las tareas lo que la grasa a las dietas. ¿Cómo vas a hacer dieta con la nevera llena de queso y los armarios cargados de galletas y chocolate? ¡¡Cómo vas a comer el brócoli!!

Vas a tener que empezar a crear el entorno ideal, eliminando todas las tentaciones.

EMPIEZA CON LO QUE SEA

Otro tema clave es empezar con lo que sea. ¡Da igual! El caso es empezar. Luego ya veremos. Mi libro, por ejemplo. Cientos de páginas, pero ¿cómo empecé? ¡Con la primera!

Me propuse empezar. Escribir un prólogo. Algo. Un capítulo. Lo que fuera.

Y entonces, mágicamente, tu cerebro hace clic. Entra en «modo tarea» y de repente te encuentras con cinco páginas escritas. ¿Por qué? Porque desde fuera TODO se ve más difícil de lo que parece. Cuántas veces hemos estado procrastinando una tarea y el día que la hacemos (porque ya era urgente e ineludible) decimos: «Ah, pues no era para tanto». Seguro que os ha pasado.

¿Por qué? Lo diré una vez más: porque somos vagos por naturaleza.

Pero debemos ser más listos que el cerebro y engañarle. Decirle: «¿Sabes qué? Solo empecemos, ¿vale? No hace falta hacerlo todo».

Esto ocurre muchas veces al limpiar. Empiezas sin querer el día que no encuentras la grapadora en el cajón lleno de trastos. Y decides «limpiar el cajón». Y de repente, sin saber cómo y sin habértelo propuesto, al cabo de tres horas tienes cuatro bolsas de basura llenas de trastos y has ordenado el cajón, el armario, la habitación y media casa. Y si te descuidas, acabas pintando las paredes. ¿Qué ha pasado? ¡Si no te lo habías propuesto! ¡EXACTO! Es que si te lo hubieras propuesto… nunca lo habrías hecho. Así pues, no pidas permiso al cerebro. Tú empieza por inercia y verás como todo fluye.

Piensa en lo peor

Cuando procrastinas algo por pereza es porque esta (la pereza) gana a la parte «positiva» de hacer la tarea: debes hacer ejercicio (para estar sano), pero la pereza pesa más que estar sano.

Así pues, debes aumentar el peso de «estar sano». ¿Cómo? Pensando en lo peor. Por ejemplo, piensa que si tienes sobrepeso es más fácil que mueras de un infarto. ¿No lo sabías? El sobrepeso es la causa del 75 % de los infartos.

¿Te da pereza montar tu propio negocio? Vale. Pues trabajarás el resto de tu vida en un empleo de mierda y dentro de cien años (que ya estarás muerto) a nadie le importará un pepino cuáles eran tus sueños.

¿En serio quieres malgastar esta vida con algo que no te gusta? La vida es un «finde», señores.

Pero claro, quizá esa tarea es un peñazo. Algo que debes hacer para un cliente o que no te motiva para nada. Pues piensa que si no lo haces se va a enfadar y lo vas a perder, y hablará mal de ti a todo el mundo. ¿Estudiar para un examen? Te suspenderán y te echarán de la carrera.

¿Se entiende la idea? Pensad en el peor escenario, para añadir peso a los motivos por los que sí deberíais hacer eso. Piensa en esas consecuencias negativas y en lo fácil que será evitarlas si dejas de procrastinar.

Busca a alguien que te patee el culo (esta es la leche)

Ya he hablado de los *accountability partners*. Esas personas que te piden cuentas. Pero si tu causa de procrastinación es la pereza, necesitas una colleja. Necesitas un amigo de confianza que te pueda decir las cosas sin paños calientes. Pero un amigo de VERDAD.

Durante la carrera un (muy) amigo mío me pidió que le ayudara a dejar de fumar. Llegamos a un acuerdo. Cada vez que le viera fumando, le quitaría el cigarro de las manos y se lo apagaría. Y así lo hice. Varias veces llegué a tirarle un paquete entero a la basura y en una ocasión incluso dentro de un vaso de agua. Me llamó de todo. En muchas (MUCHAS) ocasiones nos enfadamos. Pero lo conseguimos. No solo por mi ayuda, evidentemente. Pero yo era su «pateador».

Así pues, buscad a alguien que sea tan amigo vuestro como para que os patee el culo con tal de ayudaros, sin importar lo que digáis. Creedme. Funciona.

Toma de decisiones

Y finalmente, la última de las causas y una de las grandes dificultades de cualquier emprendedor: ¡Tomar decisiones!

Incluso las decisiones más tontas nos cuestan. Nos dan el menú en un restaurante y nos cuesta elegir. ¿Una carta de helados? Peor aún. ¿Elegir un empleo? ¡Todo un dilema! Si todas esas decisiones nos cuestan, imaginad lo que puede costar tomar una decisión acerca de nuestro negocio o proyecto.

¿Y por qué? ¿Por qué es tan difícil decidir? Pues analizando todos los correos que recibo de personas que me cuentan sus inquietudes, por dos cuestiones básicas: no sabemos lo que va a pasar y no sabemos lo que nos vamos a perder (por hacer esa cosa).

- INCERTIDUMBRE: Nos pone nerviosos no saber lo que pasará al tomar una decisión. Sería bonito tener un «deshacer», ¿verdad? Al no saber lo que va a pasar, no hacemos nada. Caemos en la parálisis por análisis. No tomamos decisiones por si las consecuencias no son buenas.
- LO QUE NOS PERDEMOS: Esta a veces es incluso peor. ¿Qué pasa si en lugar de haber optado por una primera opción hubiéramos apostado por una segunda? El mítico coste de oportunidad. No tomas decisiones por miedo a no tomar la buena.

Sí, lo entiendo. Pero dejadme que os diga algo. NO TOMAR DECISIONES ES, EN SÍ, UNA DECISIÓN: LA PEOR.

Batman

Hay una película de Batman en la que se encuentra en una encrucijada: tiene que salvar a la chica que le gusta o a su mejor amigo. El malo, que los ha secuestrado a ambos y los tiene en partes opuestas de la ciudad, le cuenta la situación y le expone el dilema. Solo puede salvar a uno: a la chica o al amigo.

Parece que hay dos posibles decisiones, ¿verdad? Pues NO. Hay tres:

- Salva a la chica, muere el amigo.
- Salva al amigo, muere la chica.
- No hace nada, mueren todos.

¿Veis a lo que me refiero? Sé que es un ejemplo estúpido y extremo, pero sirve para ilustrar lo que os quiero decir con una caricatura. ¿Os imagináis a Batman sentado en el Batmóvil, en la Batcueva, diciendo: «Ay… Pues ahora no sé para dónde tirar… Mejor no hago nada»? ¡NO! ¡Sería un Batman patético!

Moraleja: NO SEÁIS PATÉTICOS. ¡Decidid! ¡Emprended una acción! Porque no emprender ninguna es la peor opción.

¿Busco trabajo o monto mi empresa? Da igual, pero haz algo o se te acabará el paro y no tendrás ni una cosa ni la otra. ¿Monto este negocio o este otro? Da igual, pero haz algo o no ingresarás nada. ¿Busco clientes yo mismo o contrato a un comercial? Da igual, pero haz algo o no conseguirás ni una captación.

En ocasiones suelo encallarme en un tema muy recurrente cuando empiezo un nuevo proyecto: el *naming*. Tiene que ser perfecto, tiene que tener el dominio libre, tiene que tener el twitter libre, tiene que ser fácil de decir, fácil de transmitir, que me guste… ¿Sabéis algo? A veces estoy semanas enteras así. Y al final pongo cordura y elijo un nombre. ¿Es el mejor? NO. ¿Es perfecto? NO. Pero como ya hemos dicho, la perfección no existe. Así que elegimos uno y seguimos trabajando.

Y eso será mejor que no haber hecho nada (la peor decisión).

LA TEORÍA DEL CAOS

Lo que nos gustaría en muchas ocasiones sería tener una bola de cristal en la que ver qué pasaría tomando cada decisión. Vale, lo pillo. Pero, atención a esta revelación: NO SE PUEDE. Y tenemos que aceptarlo. Es así de jodido.

Así pues, no empecemos a jugar a «si supiera» o «si me asegurasen», porque eso no va a pasar. NUNCA. *NEVER*.

Algunos podéis pensar que no podemos ver el futuro, pero al menos podemos informarnos mucho sobre las posibilidades que tenemos. Sí, pero no. Por mucho que lo pienses, por mucho que te informes, por mucho que lo valores, siempre habrá variables que NO CONTROLAS. Esto es así. La vida es un puro CAOS. Por mucho que pensemos que lo tenemos controlado y por muchos cientos de variables que queramos controlar, habrá otros MILLONES de variables que ni tan siquiera sospechamos. Variables que no tenemos en cuenta y que quedan absolutamente fuera de nuestro control.

J.F.K. tomó cientos de decisiones en su vida. ¿Cómo iba a pensar que no debería haber hecho esa visita a Dallas? Lady Di tomó miles de decisiones en su vida. ¿Cómo iba a pensar que era una mala idea ir en ese coche en aquella noche parisina? Al exnovio de una amiga mía le tocó el Euromillones (¡os lo juro!). ¿Quién le iba a decir a él que esa decisión de comprar un boleto en un estanco le haría millonario?

¿Qué quiero decir con todo esto? Que no debéis darle tanta importancia a lo que decidáis. Lo importante es decidir en sí. TOMAD LA DECISIÓN. YA.

Toméis la decisión que toméis, vais a aprender. Vais a avanzar. Vais a cambiar. Y eso, tenga las consecuencias que tenga (buenas o malas), os hará mejores. Si los resultados son buenos, estupendo. Si no lo son, vuelve a tomar otra decisión. Y aquel que sigue tomando decisiones es el que al final evoluciona. El resto, se estanca.

Como decía Steve Jobs: «Aprende de los fracasos. A veces, cuando se innova, se cometen errores. Es mejor admitirlos rápidamente y seguir adelante con la mejora de tus otras innovaciones».

O sea: a veces se comenten errores. Admítelos rápidamente, aprende y sigue adelante.

Si no tomas decisiones, no aprendes. No sigues. No avanzas.

Así pues, si estáis procrastinando alguna tarea porque debéis tomar una decisión, hacedlo AHORA mismo. No mañana. AHORA. Después de leer este capítulo. No lo procastinéis más, porque por mucho tiempo que dejéis pasar entre este momento y el día en que toméis la decisión (si lo hacéis), no va a cambiar nada. Y quizá perdáis más de una oportunidad.

Así que ya lo sabéis. Toca tomar decisiones. Sean acertadas. No lo sean. Pero hacedlo. Ya.

Alcanzar el éxito es duro

Tengo buenas y malas noticias. Las buenas son que alcanzar el éxito es simple. Las malas son que alcanzar el éxito es duro. MUY duro.

Lo sé. Me dedico a ello. Lo veo cada día en mis clientes. Lograr el éxito es muy duro. No hay fórmulas mágicas, no hay métodos infalibles.

Sí. Es cierto. Tener una buena estrategia planificada ayuda. Pero eso no quiere decir que gracias a ella vayamos a tener éxito. He visto triunfar algunos negocios sin estrategia y fracasar negocios muy bien planteados. Porque siempre hay una parte que no controlamos. Llámalo buena suerte, llámalo mala suerte, azar o variables indefinidas. El caso es que es imposible tenerlo todo bajo control. Si fuera así, todos los negocios con una buena estrategia triunfarían. Pero como todos sabemos, no es así ni por asomo.

El esfuerzo es necesario

Pero hay una variable que suele ser un denominador común en la mayoría de los casos de éxito. Hablo por experiencia. He tenido cientos de clientes a lo largo de todos estos años y puedo aseguraros que siempre está ahí: trabajar duro. Y es una constante que repiten una y otra vez los emprendedores invitados de mi Late Show.

Sí, lo sé, lo sé… Fulanito De Tal se hizo rico con no sé qué idea que solo tardó dos días en implementar. Y Menganito De Cual se hizo millonario con una web de afiliados que montó en medio día. Y Zotanito se está sacando no-sé-cuántos-miles de euros cada mes haciendo vídeos chorras en YouTube.

Dejadme que os diga algo: es pura lotería.

Ya os he hablado del Euromillones: se sortea dos veces por semana y el primer premio son 15 millones de euros. Eso significa que cada semana hay un par de afortunados que se hacen ricos. Incluso si no te toca el primer premio, te puede solucionar la vida por unos años.

Así pues, por la misma regla de tres, podríamos decir: «En lugar de montar un negocio, compro un billete del Euromillones. Mira a Fulanito, a Menganito y a Zotanito, ¡les ha tocado!». Sí, pero ¿sabéis qué? En el Euromillones tienes una posibilidad entre 75 millones de que te toque. O sea, que por cada ganador hay varios millones de perdedores.

¿Verdad que no se sostiene como idea de negocio?

Pues lo del «éxito sin esfuerzo» es exactamente lo mismo. ¿Existe? Sí. Pero es una lotería. Tanto que, incluso cuando ocurre, los medios de comunicación se hacen eco de ello. Lo vemos en radio, televisión o prensa. Notición: ¡Alguien tuvo una idea tonta y con una pequeña inversión consiguió una gran fortuna!

Una vez más, son excepciones. RARAS EXCEPCIONES.

Si quieres tener éxito te lo tienes que trabajar. Y no lo digo solo yo:

«Me despertaba temprano y me dormía tarde, día tras día, año tras año. Me tomó 17 años y 114 días convertirme en un "éxito de la noche a la mañana"» (Lionel Messi).

«El éxito es un 10% inspiración y un 90% transpiración» (Thomas Alva Edison).

«El éxito es el resultado del trabajo duro, aprender de los errores y ser perseverante» (Colin Powel).

«El éxito no es un accidente. Es trabajo duro, perseverancia, aprendizaje, sacrificio y, sobre todo, que te guste lo que haces» (Pelé).

«Algunas personas sueñan en tener éxito, mientras que otras se levantan pronto y trabajan duro para conseguirlo» (Winston Churchill).

Y podría seguir con decenas de frases más como estas. Pero la moraleja es siempre la misma: buscar éxito sin esfuerzo es jugar a la lotería. No bases tu estrategia en eso.

Regresemos a mis clientes. Ellos no son esos «afortunados» que compraron un billete y les tocó. Todos y cada uno de los casos de éxito que he visto (incluso los que he analizado y expuesto en mi podcast) tienen algo en común: el esfuerzo y el trabajo duro. Todos ellos se lo han currado. Todos ellos se han levantado temprano para trabajar y conseguirlo.

Cierto es que a muchos de ellos les han hecho falta ciertas estrategias de marketing para «canalizar» ese esfuerzo. Pero el esfuerzo estaba ahí. Desde Pablo, un bombero que dejó su trabajo para ir a pedalear por el mundo, hasta Javier, que abrió un *e-commerce*, pasando por bloggers, webmasters o químicos. En todos los casos de estudio vemos lo mismo: esfuerzo.

Incluso mi propio caso. No he conseguido un podcast con más de 10 000 oyentes de la noche a la mañana. Lo he conseguido gracias al esfuerzo de publicar cada día, de lunes a viernes, puntualmente, a las 7.07, un nuevo episodio. Sin fallar ni un solo día.

El esfuerzo no es suficiente

Pero ¡ojo! El esfuerzo tampoco nos garantiza el éxito. Hay muchos emprendedores que dedican mucho esfuerzo a sus proyectos, pero por circunstancias y variables que no controlan, nunca llega a tener éxito.

Así pues, podríamos decir en general que el esfuerzo es una condición necesaria, pero no suficiente, para lograr el éxito.

Y con esto no quiero desanimaros. ¡Todo lo contrario! Os estoy animando a hacer las cosas bien. Alejaos de los negocios «infalibles», porque no hay. Olvidaos de las fórmulas «mágicas», porque no hay. Olvidaos de las falsas promesas vacías de algunos embaucadores que os aseguran el éxito en un negocio, porque esa seguridad no existe.

Si realmente esos métodos y fórmulas existieran, todo el mundo sería rico. Y evidentemente, no es así.

Pero, por otra parte, os estoy dando una de las piezas clave del
puzle del éxito: el esfuerzo, uno de los ingredientes imprescindibles.

Podemos comparar el éxito en los negocios con cocinar un pla-
to muy difícil y complejo. Hay muchos ingredientes disponibles: estrategias, técnicas, suerte, estudios de mercado, necesidades, sentido común, psicología, herramientas, analítica… En función de qué
ingredientes uses, de cómo los mezcles y de cómo los cocines, podrás tener ese suculento éxito deseado. Está en tus manos. Tú eres
el chef. Pero, sobre todo, no te olvides del ingrediente más importante: el esfuerzo.

No te asegura nada, pero sin él lo tienes crudo.

Cosas que NO deberías hacer

Llegamos ahora a un capítulo un poco distinto del resto. Hasta ahora hemos visto conceptos, estrategias y técnicas recomendables si quieres emprender. Pero tan importante como saber qué hacer, es saber lo que NO deberías hacer.

Así pues, repasemos rápidamente aquellas cosas que por experiencia he visto que no ayudan nada y que, por lo tanto, os aconsejo evitar a toda costa. Empezamos por una de las más frecuentes: imitar.

No imites

Es muy típico (muchísimo) que al ver que alguien está triunfando, le está yendo bien y la fortuna le sonríe, decidamos imitarlo. O sea, la estrategia: «Si a ese le funciona, yo haré lo mismo y también me funcionará». Bueno… Dejadme resumirlo todo en una frase:

No funcionará.

Así de fácil, así de simple. Copiar o imitar a otro emprendedor, simplemente no funciona. ¡Cada caso es distinto!

Intentar copiar a alguien para obtener los mismos resultados es una mala idea. Es como las dietas. ¡No puedes seguir la dieta de otra persona, aunque a ella le haya ido genial para perder (o ganar) peso! Porque no sabes nada de esa persona. Quizá va al gimnasio tres horas al día o quizá se pasa dieciocho delante del ordenador. No tienes ni idea. No puedes aislar una parte del todo y aplicártelo a ti mismo, esperando obtener los mismos resultados.

Con los negocios pasa lo mismo. Vemos un modelo de negocio que está funcionando muy bien y lo calcamos. Y ¡oh, sorpresa! No funciona. ¿Cómo puede ser? ¡Al otro le funcionaba!

Pero resulta que el otro es precisamente eso... ¡Otro! No eres tú. No tiene por qué tener las mismas fortalezas ni debilidades. ¿Os acordáis del capítulo en el que hablábamos del DAFO? Para eso precisamente sirve. Para crear un negocio en función de vuestras fortalezas. Eso sí tiene sentido y es coherente.

No digo que no podáis «inspiraros» en otras personas o modelos de negocio. Por supuesto que sí. Incluso pensar en ofrecer lo mismo que ellos. Pero ¡no les copiéis!

Para empezar porque se va a notar. Los consumidores no son tontos. Si os limitáis a copiar algo que funciona, van a veros como eso: una copia. ¿De verdad queréis posicionar vuestra marca como «una copia de tal»? Cread vuestro propio estilo, vuestro propio diseño, vuestra propia forma de hacer.

Y por otra parte, porque no estaréis cómodos. Copiar un modelo y un estilo de hacer las cosas es «forzar» vuestra forma de ser y actuar. En lugar de eso, es mucho mejor que actuéis tal como sois, para que todo encaje con vuestra forma de ser.

Esto sería lo mismo que intentar impresionar a una persona que te gusta intentando parecer lo que no eres. ¡No! ¡Error!

Aquí el consejo es «sé tú mismo». Sí, ya lo sé. Parece sacado de una serie americana de guion fácil. Pero es verdad. Si no eres tú mismo, si lo fuerzas, a largo plazo será peor, porque antes o después acabará por salir tu verdadera forma de ser. No puedes vivir en una mentira. Con los negocios pasa lo mismo.

Debes ser y actuar en función de tu propia forma de ser y actuar. No fuerces nada, porque te sentirás incómodo y los clientes lo van a notar.

No abarques demasiado

Esto ya lo decía Steve Jobs. Y es uno de los principales problemas de muchos emprendedores. Saltamos de idea en idea, de proyecto en proyecto, dividiendo toda la energía y los recursos.

Eso hace que avancemos muy despacio en cada proyecto, llegando incluso a NO EMPEZAR nada porque tenemos tantas opciones que no sabemos ni por dónde atacar. Varias ideas de negocio, varias alternativas y cada día se nos ocurren tres más.

¡NO! Elijamos una. La mejor. La que encaje con nuestra forma de ser, que esté dentro de nuestras posibilidades e incluya nuestros puntos fuertes. Debemos apostar por una cosa y hacerla bien.

Lo de que quien mucho abarca poco aprieta es también aplicable a cualquier negocio. Si empezamos a lanzar productos y servicios a diestro y siniestro, no vamos a poder especializarnos en nada.

Sé que en algunas ocasiones es muy tentador ampliar el abanico de ofertas. Pero pensemos en el factor clave: el coste de oportunidad. ¿A qué estamos renunciando si hacemos eso? Si le dedicamos tiempo y recursos, quiere decir que estamos quitando tiempo y recursos a otra cosa. En cambio… ¿Por qué razón no estamos dedicando ese tiempo y recursos a lo que se nos da bien y a ser los mejores en ello?

Pongamos el caso de un programador al que le gusta aprender y experimentar con todo tipo de lenguajes de programación. Su tentación será decir que «sabe de todo» y ofrecer servicios en todos los lenguajes posibles. Error. Debería centrarse en uno y ser EL MEJOR en ello. Eso le va a diferenciar, como ya hemos visto al hablar de posicionamiento de marca. Porque si no lo hace así, solo será otro del montón. Y cuando solo eres «otro del montón», entras en un mercado de *commodities* en el que la gente solo mira el precio. Y creedme. No es un buen mercado.

No dejes de creer en ti

Otra cosa que no deberías hacer NUNCA es dejar de creer en ti. Lo he visto una y otra vez. Eso puede llegar a hundir cualquier negocio. En el momento en que alguien deja de creer en sí mismo y empieza a dudar, todo está perdido.

De ahí que sea tan importante no dejarse llevar por el síndrome del impostor del que ya hemos hablado. DEBES CREER EN TI. ¡SIEMPRE!

Un caso que me encuentro frecuentemente es el de personas de más de 40 años que, por el mero hecho de haber pasado esa edad, de repente se ven incapaces de hacer nada. ¡Surrealista! ¿Por qué ocurre esto? Porque vivimos en una sociedad inmadura y llena de prejuicios en la que, a nivel laboral, parece que contratar a alguien de más de 40 años sea un pecado. ¡Estúpido error!

Ni 40, ni 50, ni 60. ¿Qué pasa, que estamos viviendo en la época del *Homo erectus*? ¡Hoy en día nuestra esperanza de vida es más larga que nunca y alguien con 50 años puede estar en su mejor momento!

Pensad que una de cada tres nuevas empresas en Estados Unidos son creadas por empresarios que pasan de los 50 años. De hecho, los emprendedores entre los 55 y los 64 años son los que tienen la mayor tasa de actividad emprendedora.

Así pues, en ocasiones por «demasiada» edad, en ocasiones por «poca» experiencia, en ocasiones por «falta» de estudios (ver capítulo de formación), el caso es que nosotros mismos nos autoconvencemos de que no servimos.

Servimos. Somos útiles. Y podemos hacer lo que nos dé la gana.

¡Ojo! Eso no quiere decir que te creas un Superman ni que todo sea posible. Debes tener los pies en el suelo. Hablando en plata: si lo que haces es una mierda, no vas a conseguir nada.

Entonces ¿en qué quedamos? ¿No podemos dejar de creer en nosotros, ni caer en el síndrome del impostor, pero tampoco podemos pensar que somos Superman? ¡Exacto! Es lógico, ¿no?

Vamos a ver: ¿recordáis el efecto montaña rusa? ¿Esos subidones y bajones? Los veo cada día. CADA DÍA. En clientes, oyentes, amigos e incluso en mí mismo. Un día estamos en plan Superman pensando que somos los mejores superhéroes del mundo y que hagamos lo que hagamos será un éxito. Y al día siguiente, nos vemos como impostores ignorantes que no tienen ni idea de dónde se han metido.

¿La respuesta a todo eso? El equilibrio. ¿Y dónde se encuentra ese equilibrio? En lo que os estoy diciendo: no dejéis de creer en vosotros mismos. Tenéis que buscar aquello en lo que realmente sabéis que sois buenos. Ojo: no aquello en lo que querríais serlo, sino aquello en lo que de verdad lo sois.

¿Y qué pasa si no sois buenos en algo? Bien, pues ese debería ser vuestro objetivo. Estudiad, formaos, luchad, probad, aprended, equivocaos, volved a probar... Siempre sin dejar de creer en vosotros mismos. Y así conseguiréis serlo.

Aquí funciona la regla de que quien la sigue la consigue. Debemos ser constantes y trabajar duro, ya lo hemos visto en el capítulo del éxito. Y si lo hacemos con coherencia y sin dejar de creer en nosotros, lo conseguiremos SEGURO. Pero en el momento en que dejemos de creer en nosotros mismos, el castillo se hundirá sin remedio.

De ahí, precisamente, la importancia de los compañeros ante los que rendir cuentas, de los socios, de los *mastermind groups* o de los mentores. Cuando uno está solo, puede hundirse con mucha facilidad por esa «visión de túnel» en la que solo cuentas con tu punto de vista. Pero introduciendo las personas correctas en la ecuación, el resultado es mucho más favorable.

No te quemes

Y, sobre todo, no te quemes. Es el otro extremo de la procrastinación. Todos tenemos límites físicos y, en cuanto nos acerquemos a ellos, empezaremos a oler el tufillo a goma quemada.

Cuando emprendes, no ves límites. Lo hemos visto con el Síndrome de Peter Parker. Todo lo que haces te parece insuficiente. Todas las horas te parecen pocas. Incluso, como ya hemos comentado, puedes llegar a pensar que tu vida personal es un lastre para tu vida profesional. No nos equivoquemos. No es así. Es al revés.

Así pues, oblígate a cortar, oblígate a parar. Establece períodos de descanso a lo largo de tu jornada laboral y días de descanso a lo largo de la semana.

Cuando llevas muchas horas seguidas trabajando, parar parece una aberración. Parece que vas a perder el hilo, que vas a disminuir la productividad y que no vas a conseguir nada bueno. Y resulta que es todo lo contrario. Pero claro, estás tan metido en lo que haces, que los árboles no te dejan ver el bosque.

¿Cuántas veces habéis intentado solucionar algo y no sois capaces por muchas horas que le dediquéis, pero al final, hartos y cansados, os vais a dormir y al día siguiente lo resolvéis en cinco minutos? ¡Cientos de veces! Y creedme, a mí también me ha pasado. Parar es bueno.

Lo mismo ocurre a gran escala con los fines de semana o las vacaciones. Es necesario parar. Es necesario desconectar. Pero no solo por vosotros (que también), ¡sino a nivel de rendimiento y productividad!

Si no paras, hay un momento en el que dejas de ser productivo. Y es mejor parar, descansar y reanudar, que seguir trabajando. También ayuda mucho cambiar la ubicación. Yo, por ejemplo, algunos días trabajo en mi despacho, otros en el *coworking*, otros en casa e incluso a veces me acerco a casa de mis padres. Está demostrado que cambiar el entorno puntualmente hace que te sientas mejor y seas más productivo.

En todo caso, parar es clave para no quemarte y para obtener mejores resultados. Así que, si estás trabajando en la oficina, vale la pena parar un momento y salir 15 minutos a pasear. O si trabajas desde casa, hacer una pausa de 15 minutos para jugar un rato con tus hijos o tomar un café con tu pareja. O esas vacaciones que siempre estás aplazando. ¡Tómatelas! Porque en cien años estarás muerto: tú, tu pareja y tus hijos. Y entonces no habrá tiempo para ir de vacaciones.

Cosas que SÍ deberías hacer

Bien, pues después de esa lista negra de cosas que no os recomiendo hacer, vamos a mencionar algunas que siempre son positivas, tanto si eres emprendedor como si no.

No hace falta que las hagáis todas. De hecho, no son imprescindibles. Pero tengo comprobado que aquellos que siguen estos pequeños consejos, acaban emprendiendo más y con más éxito.

Rodéate de emprendedores

Esto os lo aconsejo encarecidamente. Creedme. Si os rodeáis de emprendedores, acabaréis emprendiendo. Es prácticamente imposible vivir en un ambiente y un contexto de gente con inquietudes empresariales y no emprender.

Dicen que cada persona suele ser «la media» de las cinco personas con las que más tiempo pasa. Y en parte, es cierto. Porque a base de estar (o incluso vivir) con la misma gente día tras día, acabamos por pensar que esa forma de vida es «la norma». Que eso es «lo normal». Que lo que hace ese grupo con el que estamos cómodos (una vez más, dentro de nuestra zona de confort) es lo que deberíamos hacer. Y lo asimilamos. Y al final acabamos pensando como ellos y nos convertimos en uno más.

Así pues, si vives rodeado de funcionarios, difícil será que tu gen emprendedor pueda sobrevivir. Y si tu familia, tus amigos y tus círculos cercanos son trabajadores por cuenta ajena, raramente estarás tentado a salir de esa rueda. Aunque hay excepciones, claro.

En todo caso, lo que es indiscutible es que si te rodeas de gente con ganas de emprender, con personas que puedes ver como ejemplo, con compañeros que te animan o con amigos de los que puedes aprender, estarás en un entorno mucho más favorable y lo más seguro es que te lances a la piscina.

Así pues, rodéate de emprendedores. Hazlo en un *coworking*, en un *networking*, hazlo con *mastermind groups*, con grupos de Facebook, hazlo con *meetups* de emprendedores de tu ciudad. Ve a ellos. Encuentra tu tribu. Y todo surgirá de forma natural.

Deja el trabajo

Sí, ya lo sé: «Joan, estás loco. ¿Cómo voy a dejar el trabajo? ¡Mi familia depende de ello! ¿Cómo voy a dejar de dar de comer a mis hijos? ¿Y si no funciona? ¿Y si me arruino? ¿Y si luego no encuentro trabajo?».

Bueno, y yo os pregunto: ¿y si vivís el resto de vuestras vidas con un trabajo de mierda que no os gusta? ¿Eso pinta mejor? ¿En serio pensáis que en el lecho de muerte diréis: «Ah, he estado trabajando toda mi vida en trabajos de mierda que me han hecho infeliz, pero bueno, al menos tenía un salario justito para sobrevivir; qué vida más feliz he tenido»? ¿En serio?

Ya hemos hablado de quemar las naves. Ya hemos hablado del cuento de la vaca. Ya hemos hablado de Bronnie Ware. Pero también es verdad que en ciertas ocasiones no nos atrevemos a dar ese paso. Si esa es la situación, podríamos aceptar un «deja el trabajo lo antes posible».

Pero ¡ojo! No vale decir «ok, en cinco o seis años ya tendré ahorros». ¡NOOO! Estamos hablando de meses. Si realmente queréis montar vuestro propio negocio, olvidaos de largos plazos. ¡Empezad ya!

No se trata de ganar dinero PARA HACER lo que te gusta, sino de ganar dinero CON lo que te gusta.

Así pues, ¡en cuanto salgáis del trabajo, directos a casa! Estáis con la familia una o dos horas, les dais besos a todos y a continuación, ¡os encerráis donde sea a currar hasta las 3.00 cada día! O si preferís, os vais a dormir a las 21.00 y a las 4.00 os ponéis en pie de guerra. DA IGUAL.

Pero nada de pelis, nada de series, nada de juegos en el móvil, nada de perder el tiempo con cualquier excusa que no sea TRABAJAR EN VUESTRO PROYECTO.

Si realmente queréis seguir trabajando mientras emprendéis, vais a tener que sacrificar TODO excepto la familia.

Así que sacad de donde sea 6 horas al día como mínimo para trabajar en vuestro proyecto. Y no valen excusas. El día tiene 24 horas y la jornada laboral 8. O sea, que de las 16 horas que quedan, rasca de donde haga falta para sacar MÍNIMO 6. Debes luchar como un león para sacar tu proyecto adelante. O sea, que no pongas excusas y empieza YA.

Vende todo lo que no necesitas (y deja el trabajo)

Ya hemos hablado del músculo financiero y de los ahorros mínimos necesarios para lanzar un proyecto. La única forma de llegar a ese mínimo es a través del ahorro (ahorra como si fueras el Tío Gilito) y de ingresos extra.

Así pues, deshazte de todo lo superficial. Fuera canal de pago, fuera gimnasio, fuera cualquier gasto que no sirva para sacar a flote tu proyecto. Y vende todos los trastos que tengas en casa que no usarás nunca más. Desde aquellos patines que tienes muertos de risa en un armario, hasta el coche, si no lo necesitas para tu negocio. Todo lo superfluo sobra. ¡Las posesiones nos poseen! Intenta reducir todas las cosas que tienes a tan solo 30 objetos. Lo demás, todo vendido por internet o en tiendas de segunda mano. Eso te ayudará a reunir los ahorros mínimos necesarios para poder abandonar ya el trabajo.

Si te pones en serio con este punto, no te va a llevar más de tres o cuatro meses conseguirlo. No lo demores más, porque lo más seguro es que lo dejes morir.

Y último: Haz… lo que sea

Ya he hablado del efecto «haz lo que sea» cuando tratábamos el tema de la procrastinación. Se trata de un extraño mecanismo que hay en nuestras mentes, que hace que las tareas (y emprender es una GRAN tarea) se vean mucho más difíciles y complejas antes de empezar.

En cambio, si empiezas a hacer algo, «lo que sea», relacionado con tu proyecto, tu mente sale del estado aletargado en el que se encuentra y se pone a funcionar. Y entonces descubrimos que por pequeña que fuera esa tarea, nuestra mente ya ha entrado en calor y está en modo «trabajo». Y en ese modo, todo es más fácil.

Es como el efecto «apalanque» del sofá. Cuando se está en el sofá en modo «oso hibernando», todo parece un esfuerzo hercúleo. ¿Salir a tomar algo? ¡Nooo! ¿Ir a pasear con los niños al parque? ¡Nooo! ¿Incluso ir al cine? ¡Nooo! Con lo bien que se está en el sofá… ¡Cómo vas a salir al exterior!

Pero entonces hay algo que te obliga. Ya sea una basura que huele mal y debes tirar al contenedor, sacar al perro, tu pareja que te arranca del sofá o los niños que necesitan tomar el aire antes de que acaben matándose entre ellos.

Y entonces, cuando sales (obligado por ti o por otros), te das cuenta de que no era para tanto. Y una vez fuera, ¡oh, sorpresa! Ya no te importa pasear un poco más. Ya no te importa ir a ver unos amigos. Ya no te importa ir a tomar unas copas. De hecho, incluso te lo pasas bien. De hecho, incluso lo disfrutas. Y entonces te das cuenta de que no era tan difícil, y es más… Te das cuenta de lo acertada que ha sido la decisión de salir, porque si no, te habrías quedado apalancado en el sofá y te habrías perdido un gran día.

Emprender es exactamente lo mismo. Desde el sofá se ve difícil, hercúleo, y no se sabe ni por dónde empezar.

Pero cuando te levantas y te pones en modo trabajo, aunque sea para hacer un listado de ideas de negocio (solo eso), de repente te das cuenta de que tienes ganas de hacer un poco más. ¿Por qué no buscamos un nombre? ¿Por qué no miramos la competencia? ¿Por qué no hacemos el plan de ingresos? Y sin habértelo propuesto, tienes tu plan de negocio encima de la mesa.

O sea, que levántate del sofá y haz... ¡lo que sea!

Reflexión final

Bien, señores: llegamos al punto final del libro. Si habéis llegado hasta aquí pasando por todos los capítulos anteriores, ¡felicidades! Ya sabéis todo lo que a mí me hubiera gustado saber antes de empezar.

Como ya os he dicho, este libro no es perfecto ni exhaustivo. Haría falta una enciclopedia entera para meter toda la literatura escrita sobre gestión empresarial, y seguro que nos dejaríamos cosas.

Tampoco es la solución a vuestros problemas, ni la fórmula mágica del éxito, ni un método para triunfar. Pero, como ya sabéis, ninguno lo es.

Entonces, ¿cuál ha sido mi objetivo?

- Mi objetivo ha sido animaros a emprender si eso es lo que os hace felices, porque no hay nada peor que vivir una vida triste o vacía.
- Mi objetivo ha sido alertaros de todo lo que os vais a encontrar si queréis emprender, para que no os pille por sorpresa.
- Mi objetivo ha sido enseñaros los conceptos, las técnicas y las estrategias que mejor resultado dan, para que los conozcáis e incluso los apliquéis.
- Mi objetivo ha sido guiaros para que sepáis qué pasos podéis dar cuando empecéis esta aventura.

Si he conseguido aunque solo sea uno de estos cuatro objetivos, ya me doy por satisfecho, porque soy consciente de que es muy difícil ayudar a través de un libro sin conocer a la persona que lo va a leer.

Si he conseguido animaros, si he conseguido que aprendáis algo o si he conseguido arrojar un poco de luz y de orden sobre la complicada empresa que supone emprender, ya habré logrado mi propósito fundamental: ayudar.

Cuando empecé mi blog, lo hice para ayudar a aquellos que buscaban respuestas sobre programación. Cuando empecé mi podcast, lo hice para ayudar a todos aquellos que querían aprender sobre marketing online. Y con este libro pretendo ayudar a mi colectivo favorito. Al que más quiero. El que se merece toda la ayuda del mundo porque el mundo avanza gracias a ellos: los emprendedores.

Desde el autónomo más pequeño hasta el empresario más grande. Todos los que han sentido esa fuerza, ese «empuje» invisible que sale de la nada y que, sin saber por qué, te hace querer emprender.

Es una aptitud innata. Hay quien la tiene y hay quien no. ¡Nadie te obliga a emprender! Es algo que se lleva en la sangre. Y si ese es tu caso, te mereces esa oportunidad.

Todos merecemos esa oportunidad si lo llevamos dentro.

Que no os frene vuestra situación. Que no os frene vuestra familia. Que no os frene vuestro entorno. Vuestro sueldo. Vuestro jefe. Vuestra vaca. Que no os frene nada ni nadie, si así lo sentís.

Así pues, y por última vez, os animo a dar el paso. Si tu trabajo no te hace feliz, déjalo. No vendas tu vida o te arrepentirás. Vívela como a ti te gustaría. Si tu ilusión es emprender, hazlo. Te lo aseguro: es posible.

No hay ninguna razón por la que tengas que vivir haciendo algo que odias. Ninguna. Tu vida es tuya. No vivas la vida que los otros esperan de ti.

Un abrazo.

¡Seguimos!

JOAN